JN080089

逆境をはねかえす

広島型
スポーツマネジメント学

地域とプロスポーツを
ともに元気にするマネジメント戦略

藤本倫史 著

晃洋書房

はじめに

この原稿を執筆している2019年8月現在、日本は東京オリンピック開催へ向け、盛り上がっている。特に、開催地である首都東京、そして、首都圏と呼ばれる神奈川県や千葉県も同様である。また、25年に万博の開催が決まった大阪や、世界が誇るトヨタグループが所在し27年には東京―名古屋のリニア中央新幹線が開業予定の愛知など、景気の良い話は3大都市圏ばかりである。

肝心の地方都市はどうか？　少子高齢化社会における人口減や経済の低迷が顕著で、限界集落や消滅可能性都市、中心市街地の空洞化など景気の悪い話が多い。その中で、地方都市を活性化する微かな光と思えるのが、スポーツではないか。特にJリーグは、1993年の創設から地域密着を理念とし、現在、J1、J2、J3と合わせて54クラブある。鹿島アントラーズや浦和レッズというアジアにも誇るビッグクラブが誕生した。また、新潟県をホームタウンとするアルビレックス新潟や長野県松本市を中心に盛り上がる松本山雅FCなど、これまでプロスポーツ不毛の地と呼ばれた地方での成功事例も現れた。

このJリーグモデルを参考にして、2016年にプロバスケットボールリーグ「Bリーグ」が誕生した。プロスポーツの最古参であるプロ野球にもIT企業が参入し、福岡ソフトバンクホークスや東北楽天ゴールデンイーグルス、横浜ＤｅＮＡベイスターズが誕生した。彼らは地域密着と革新的なサービスを考え、球団経営を黒字に導き、スポーツビジネスの新たな可能性を示している。

だが欧米のプロスポーツ産業規模や収入は我が国のそれと大きな差がある。そもそも我が国ではスポーツを文化として捉え、社会を活性化するものではないと考えられてきた。これは、欧米ほどスポーツの歴史が醸成されておらず、経営の形も整えられていないのが原因だろう。

日本では戦前戦後と、東京を中心とした中央集権体制が取られ、プロスポーツも首都圏中心となってきた。プロ野球は巨人中心のシステムで興行を行い、大企業の広告宣伝媒体として、運営されてきた。しかし、プロ野球が戦後2リーグ制になった１９５０年から現在までプロスポーツの経営を通じた文化育成を継続した地方都市がある。それが広島市である。本書はこの広島市を事例に、プロスポーツのマネジメントと地域活性化について述べる。

現在プロスポーツを活用して経済効果や社会効果を上げ、日本を代表する企業がバックアップし、スポーツビジネスの事例としてよくあげられる都市に、福岡ソフトバンクホークスなどが所在する福岡市、東北楽天ゴールデンイーグルスやベガルタ仙台がある仙台市、札幌ドームを拠点とする北海道日本ハムファイターズとコンサドーレ札幌が本拠地を置く札幌市などがある。

プロスポーツと地域の関係構築の1つの指標として、「時間」がある。プロスポーツにおいて、本拠地を変えずに経営を継続することは意外と難しい。起業して10年以上生存する会社は1割にも満たないと言われており、特殊なビジネス環境であるプロスポーツはＪリーグが誕生するまで親会社ありきのビジネスモデルであった。カープの場合は独立採算制で市場規模も大きくなく、非常に厳しい経営環境であることは考えなくてもわかる。

ヨーロッパもアメリカもそうだが、スポーツ文化が根付くには一定の時間が必要である。無論倒産しないための経営努力も必要だが、本拠地を置く地域行政のバックアップ、何よりファンやサポーターのサポートがないとプロスポーツクラブは維持できない。そのような事例は国内には少ない。だが広島市の場合は、プロスポーツと都市の関係が一過性ではなく、長い年月を経て独自のスポーツ文化が形成され、現在の球団の形が構築されている。その形があるからこそ地域活性化の効果があると言えるのではないかと考える。

改めて歴史を振り返ると、３大都市圏以外で１９５０年からプロスポーツクラブが本拠地を変えていない都市は広島市しかない。福岡市は78年、西鉄ライオンズが経営難で出ていき、ダイエーが88年に球団を創設するまで約10年の空白期間があった。仙台も74年から77年までロッテオリオンズが本拠地の１つとしたが、撤退。その後Ｊリーグのベガルダ仙台が99年にＪ２へ参入し、プロ野球は２００５年に東北楽天が設立されるまで、仙台市に本拠地を置く球団がなかった。同じく札幌市も１９９８年にＪリーグへ参入したコンサドーレ札幌、プロ野球は東京から２００４年に移転してきた北海道日本ハムファイターズより以前は皆無であった。その他の比較的人口規模が大きい都市も継続できないか、１９９０年代後半からの歴史しかない。

それらと比較すると、１９５０年から球団と広島市は共に歩んできた。特に広島東洋カープとの関係は非常に深く特長的であり、Jリーグ設立に当初から参戦し独自の経営と育成で強豪クラブとなったサンフレッチェ広島、新しく挑戦的な運営を行っているBリーグ広島ドラゴンフライズ、この2クラブの経営にも脈々と広島のプロスポーツクラブ文化が受け継がれている。

これらのクラブ経営のキーワードに「逆境」が思い浮かぶ。後述するが、広島市は1945年の原爆投下で焼け野原になり、草木も生えない中で復興してきた。そのスピリットは3クラブに受け継がれ、どんな困難にも逆境を跳ね除けて、経営を継続してきた。例えば、カープは球団発足2年目での経営難や、2004年の球界再編問題、旧広島市民球場の老朽化問題があった。サンフレッチェは2度のJ2降格、そして赤字解消のために資本金を切り崩す苦渋の決断を行っている。ドラゴンフライズは発足当時から大赤字が続き、次々と経営者を変える事態があった。このような逆境を、どのクラブも知恵と工夫で乗り切った。特にカープの盛り上がりは一過性ではない逆境の中での、プロスポーツ×地域の歴史と継続力、そして地方都市独自の経営戦略がある。

カープはオンリーワン・ナンバーワンの地元企業と連携したユニークなグッズ戦略や、地方自治体との企画イベントを開催してきた。国内外から視察が絶えないマツダスタジアムを建設し、3世代をターゲットにしたビジネス戦略を構築した。サンフレッチェは地元高校と連携したユースチームの育成や地域活性化、さらに人気マスコットの確立やSNS（ソーシャルネットワークサービス）戦略を駆使している。ドラゴンフライズはこの人気2チームがいる中、広島市だけでなく広島県全体を会場にした地道な地域戦略を展開し、年々観客が増加。グッズもカープ販売に倣った戦略でBリーグトップクラスの売上を誇る。これらの事例は広島唯一のものではなく、他都市もすぐに取り入れられるものがたくさんある。

本書では、この広島型の戦略と要因をわかりやすく分析し、体系的に「広島型のスポーツマネジメント」を提示する。ただし、あくまで地方都市のプロスポーツクラブのマネジメントと地域活性化が主題である。ゆえに他の地方都市の方にも役立つものにできればと考えている。そして結果的に地方都市でスポーツビジネスや地域活性化をしよう！　と考えている方々の一助になれば幸いである。

※本書はスポーツ×ＡＩ×データ解析 総合メディアサイト「ＳＰＡＩＡ」(https://spaia.jp/)の中で連載した記事を加筆・修正し、新たに考察やインタビューを加え構成した。

また本書は広島東洋カープ、サンフレッチェ広島、広島ドラゴンフライズ等にインタビュー調査等でご協力いただいた。しかし内容に関しては筆者独自の調査と考察で構成されており、各球団の見解とは無関係であることをご理解いただきたい。

第3章 サンフレッチェ広島のマネジメント 83

第4章 広島ドラゴンフライズのマネジメント 135

第5章 これからの地方都市におけるスポーツマネジメントのキーワード 177

第1章

広島型スポーツ
マネジメントとは何か

1 スポーツで稼ぐこととは

第1章では具体的な事例へ入る前に、「基礎的なスポーツビジネスとスポーツマネジメントを理解すること」と「広島型スポーツマネジメントとは何か？」を明確にして、読者の理解を深めたい。

現在国内では、2020年の東京オリンピック開催を契機にスポーツの様々な分野が見直されている。「稼げる」と考えられているからだ。私が研究しているスポーツマネジメントの分野も、大学やビジネススクールで学べる機会が増加し、スポーツ業界で働きたいと考える人は少なくない。

ただ注目してほしいのは、日本はまだ稼ぐ可能性を見出している発展途上段階であることだ。日本でスポーツは学校教育と混同され、プロスポーツは大企業の広告媒体や福利厚生の一環と捉えられ、稼ぐというマインドに行き着くのに時間がかかった（現在も行き着いていないのかもしれない）。

またプロスポーツ産業全体についても気になる数字がある。プロ野球は国内で一番の観客動員数と売上を誇っている。だがここ数年、アメリカのメジャーリーグは過去最高の売り上げを更新し続け、フォーブスジャパンHPによると2017年の収益が100億ドルを超え、15年連続の収益増を達成すると言われている。それに対してプロ野球はここ10年で約1500~1600億円と推計されており、メジャーリーグと比較すると約6倍の差が出ている。

Jリーグも発足後、クラブ数は増加し、リーグビジネスを取り入れているが、2016年にDA

ZN▼1との10年契約の収入2100億円が入るまでリーグ収益はほぼ横ばいで、各クラブとしても一部を除いて売り上げは伸びていない。やはり全体的なリーグ収益が上がってこないと球団の収益が上がらず、選手の年俸も高く設定できない。それでは夢がない世界になってしまう。もっと稼ぐことを考えなければならない状況は明らかである。裏を返せば、面白い産業ともいえる。もう完成しているものに手を加えるのは簡単だが、未完成であるからこそ成長がある。

■スポーツとお金

どんなビジネスでもお金はその基盤部分にあたる。スポーツとお金の関係で一番注目を浴びるのは、選手の年俸ではないか。毎年、プロ野球やJリーグのシーズンオフに「○○選手は何億円で更改」と騒がれ、アメリカやヨーロッパの移籍や契約では何十億、何百億円という数字も飛び交う。この年俸に人々は夢をみる。

経営の側面から見ても、一番多くのお金を使うのが選手や監督の年俸＝人件費である。多くのプロスポーツクラブの運営資金で、50％以上は人件費にあたる。およそ50％以内が妥当とされるが、アメリカやヨーロッパには70％を超えるクラブが多数存在した結果、倒産するものも出てきた。日本でも

▼1――　DAZNとはライブを主としたスポーツの動画配信をするストリーミングサービスである。デジタル・スポーツコンテンツ&メディア企業である「Perform Group」（1997年創業）が運営している。DAZNのコンテンツはヨーロッパを拠点として全世界で配信されている。2016年8月23日には、日本法人「Perform Investment Japan株式会社」（本社はイギリス・ロンドン）が日本でのサービスを正式開始した。

身売りや倒産するクラブも出ている。[2] ヨーロッパではUEFA（ヨーロッパサッカー連盟）が各クラブに対して、支出を収入内に収めるファイナンシャルフェアプレーを2012年に制定し、健全経営を推進している。日本でも1992年のJリーグ発足以降、経営の視点が見直され、Jリーグクラブライセンス制度[3]が2013年から実施され、クラブの健全経営が試みられている。

■高騰する年俸の功罪

しかし、選手に巨額のお金を投じる傾向は留まることを知らない。それがプロスポーツの魅力であり、難しさでもあるからだ。プロスポーツクラブの一番の商品はゲーム（試合）である。この商品を作り出す原材料としての最重要部分が選手である。中でもスター選手は別格の扱いとされ、日本ではスター選手の獲得こそ戦力的にも集客的にも絶対的と信じられてきた。特にプロ野球の読売巨人はON時代からスター選手をかき集めた。そして、読売新聞グループが新聞の購読数とテレビの視聴率を伸ばすことを目的とした巨人中心のビジネスモデルを確立し、プロスポーツの頂点を極めて子どもたちの憧れとなった。

プロ野球選手の平均年俸は1980年で602万円だったが、2017年には3826万円（税引き後）と過去最高を記録した。料理で例えると最高級の素材を集めれば、最高の料理ができるのではないかと考えたのだ。しかし、最高の料理はできなかった。まず、根本でどんな料理を作りたいのかを考えなかったのとコストとベネフィットの問題である。やはり各球団でどのようなチームを作りたいのかを考えなければ、素材をいかし切れない。いわゆる理念やビジョンの話である。また支出と利益を考えなければいけないのはビジネスの鉄則である。

しかし、プロ野球がそれをできなかった要因として、前述した親会社の広告宣伝費や福利厚生費で赤字を出してもいい（親会社の税金対策ともいうが）という特殊な環境があり、一般企業ではあり得ない財務管理や支出を行っていた。ただ近年、エンターテイメント産業や社会の流れから、この環境が維持できなくなったプロ野球界では、球団独自、そして選手個人にも違う流れが生まれている。

日本ハムファイターズは2004年に北海道へ移転すると地域密着を掲げて、SHINJO（新庄剛志）から始まったスター選手のPR戦略で成功し、完全に地域へ根付いた。また、福岡ソフトバンクホークスも巨人とは違った親会社の強みを活かしたIT戦略やマーケティング活動を行い、九州出身の選手や大物外国人の獲得をとして新たなビッククラブ型の戦略を行っている。パリーグを中心にプロ野球でもスポーツをビジネスとして「稼ぐ」ことが意識されるようになった。

▼2―― Jリーグ発足当初から参加した横浜フリューゲルスは出資会社の1つであった佐藤工業が本業の経営不振のためクラブ運営からの撤退を1998年に表明。横浜マリノスと1999年に合併してクラブが消滅。同時期（1997~2003年）に経営危機に追い込まれていたのが、サガン鳥栖、清水エスパルス、ベルマーレ平塚（現在は湘南ベルマーレに改称）、水戸ホーリーホック、ヴィッセル神戸がそうであり、全てのチームが運営会社の移管もしくは親会社を交代している。近年でもV・ファーレン長崎が経営危機になり、ジャパネットホールディングスに経営が移管されている。

▼3―― ドイツサッカー連盟（ドイツサッカー協会）が毎年全クラブのリーグ戦への参加資格をチェックするための基準として導入したのが始まりであり、これを元に欧州サッカー連盟（UEFA）がUEFAチャンピオンズリーグへの参加資格として2004―05シーズンにおいて導入したのを端緒としている。Jリーグでは「競技」「施設」「組織運営・人事体制」「財務」「法務」の5分野において一定の基準により審査を行い、各カテゴリーのライセンス交付の決定を行っている。

2 あなたが突然、球団のGMになったら？

■ゼネラルマネージャーは稼げるあこがれの職業

この節では選手の獲得や戦力外通告を行い、球団オーナーから出された予算でチームを整える編成責任者、いわゆるゼネラルマネージャー（GM）について述べていきたい。

アメリカでスポーツビジネスを志すものにとってGMは憧れの職業である。日本でも情報が伝わり、「いつか自分も！」という若者もいるだろう。なぜなら子どもの時に憧れであったプロ選手とともに戦い、高水準の報酬を稼ぐという魅力があるからである。シカゴ・カブスの球団副社長セオ・エプスタインは２０１６年に5年５０００万ドル（約50億円）、ロサンゼルス・ドジャースの編成部門取締役アンドリュー・フリードマンは14年に5年３５００万ドル（約35億円）という高額な契約を結んでいる（彼らの肩書は活躍によりGMから格上げされているが、実質的な編成責任者である）。

しかも両名ともプロ経験はなく、28歳の若さでエプスタインはボストン・レッドソックス、フリードマンはタンパベイ・レイズのGMに大抜擢され、成果を出している。日本でGM職に就く人材はプロ野球経験者が大多数を占め、球団職員も経験者もしくは親会社の出向や関係者で占めていた。

しかし、今はしっかり稼がなければいけない時代になり、JリーグやBリーグではスポーツビジネスの人材採用や教育は積極的に行われている。特にBリーグでは2019年に、リーグ、協会、マーケティング会社などを含めた関係団体の人材の交流や育成を目的としたバスケットボールコーポレーション株式会社を設立した。このように少しずつだが、プロスポーツ経験者でなくともスポーツビジネスに関わるようになってきている。スポーツビジネスに興味がある20代や30代の方にもチャンスはある。「あなたが突然、GMになったら?」を想定しながら読み進めてほしい。

■データを読み、分析する力

私が所属している大学では、学生向けにスポーツビジネス研修を実施している。MLBやMLS（メジャーリーグサッカー）の球団職員にインタビューを行った。そこでデイビット・ベッカムも所属したLAギャラクシーの球団幹部に、学生が「GMになるには、どうすればいいでしょうか?」と質問した。するとその幹部は、「我々は君の挑戦をいつでも待っている。チャレンジ精神は大切です。まずはインターンに挑戦してください。その中で、語学も大切だが、データを読めて分析できるようになるといいのではないか。君は何か専門的にデータを扱ったことはあるかい?」と言った。

「データを読み、分析する力」これが今、GMになるには欠かせない。GMは予算に余裕のある球団もない球団も、選手に使うお金の根拠を示さなければならない。**表1-1**を見てわかるようにドジャースやヤンキースは年間で200億円以上の大金を扱う。このお金をどのように有効的に使い、支出を抑えるのか。

表１－１　2016年メジャーリーグ年俸総額上位６チーム

チーム名	金額
ロサンゼルス・ドジャース	２億4978万ドル
ニューヨーク・ヤンキース	２億2599万ドル
デトロイト・タイガース	１億9859万ドル
ボストン・レッドソックス	１億9789万ドル
サンフランシスコ・ジャイアンツ	１億7208万ドル
シカゴ・カブス	１億7161万ドル

出典：MLB.comより筆者作成。

その重要な判断の決め手が、データによる選手分析である。これを最初に行い、革命を起こしたのが、『マネーボール』で有名なオークランド・アスレチックスのＧＭビリー・ビーンである。

■新たな選手の価値とは？

１９９０年代までは、選手獲得はプロ野球経験者のＧＭやスカウトの経験と勘を駆使して、打率、本塁打、打点などを参考にして行われてきた。しかしそれだと、予算に余裕のある球団が大金を注ぎ込めば勝利する確率が高くなり、余裕のない球団はずっと下位に低迷する。そこで、予算に余裕のないアスレチックスのＧＭビリー・ビーンは改革を行い、２００２年にメジャーリーグ年俸総額28位のチームを１０３勝できるチームに生まれ変わらせた。この改革のストーリーについては、日本でも04年に出版された『マネーボール』やその映画化作品[4]などでご存知の方が多いのではないか。

はたして、ビーンはどこに「選手の価値」を見出したのか。単純に言うと「運によるプレー評価を捨てた」と考える。マネーボールに登場する打者の指標では、アウトにならない確率と1打で得点になりやすい確率を重要視したＯＰＳ（出塁率＋長打率）が有名だと思われるが、それだけではない。まず、打点と得点圏打率である。打者走者の有無は関係がなく、打てたのは偶然だとビーンは考えた。「チャンスに強い打者はいない」と想定したのである。また、バントや走塁も自らアウトにいくものだとして、作戦として多用しなくなった（現在はこの考えは変わっている）。守備の失策数は記録員の主観であり、重要視しないとした。投手の勝利数、防御率、セーブもチームの状況によって変わる数字であり、重要視しないとした。逆に、投手の責任となる被本塁打や与四球が少なく、自らアウトがとれる奪三振率が高い投手をいい投手だと定義した。

これらは皆、球界の常識を覆した。ビーンは誰も見向きもしなかった選手を低コストで獲得する。選手はチャンスが与えられるので、一生懸命プレーをし、高額年俸を得る。これまでＭＬＢ関係者たちは打率や打点、勝利数などの数字が高い選手に高年俸を積めば勝利に近づくと信じてきた。だがビーンは新たな選手の価値を見出した。現在、この考え方は一部見直されているが過去のデータを活用し、統計学を用いて分析するセイバーメトリックスの考え方は確実に浸透した。

■「〇〇力」こそが、今のプロスポーツ界を引っ張っている？

私はＭＬＢの２０００年代前半の大きな変化に関わるキーワードとして、「オタク力」が挙げられ

▼4―― ノンフィクション作家のマイケル・ルイスが執筆を行い、２００３年に出版。オークランド・アスレチックスのビリー・ビーンＧＭが、セイバーメトリクスと呼ばれる統計学的手法を用いて、プレーオフ常連の強豪チームを作り上げていく様子を描き、米国でベストセラーになった。２０１１年にベネット・ミラー監督、ブラッド・ピット主演で映画化された。

ると考えている。過去の収集データを活用し、統計学を用いて分析するセイバーメトリクスの元を作ったのは、ビル・ジェイムスという野球オタクである。ビル・ジェイムスは1970年代後半に自費出版で野球データを集めた本を出版する。当時、一般の人たちには見向きもされなかったが、一部のオタクの人たちに高い評価を受ける。この野球データはどんどん進化し、コンピュータで仮想チームを作り、競わせるようになる。データが正確であればあるほど、人々は熱狂的になっていった。ビル・ジェイムスはその後、セオ・エプスタインによって、2002年にレッドソックスのシニアアドバイザーとして招かれている。そんな一部のオタクたちの遊びに目を付けたのが、オークランド・アスレチックスのGMに就任していたサンディ・アンダーソンやビリー・ビーンであり、その他のオタクたちも続々と球団のフロント入りをしている。

日本にも「オタク文化」があり、このような人材は多くいるのではないか。もちろん、組織にはバランスの良いゼネラリストも必要だが、何かに特化した職人＝スペシャリストも必要である。むしろ特化した能力こそが、今のプロスポーツビジネスに求められているのかもしれないし、そのような若い人材にチャンスが巡ってきている。データの世界は現在も進化しており、選手の真の実力を客観的かつ正確に算出しようと、日々オタクたちは奮闘している。

実際に、2018年ワールドチャンピオンになったヒューストン・アストロズも統計、物理、数学などの専門家（オタクたち）に予算を使った。そこから5カ年計画で13年まで3年連続100敗したチームを立て直したのは有名である（GMのジェフ・ルーノーも選手経験はなく、大手コンサルティング会社で経営コンサルタントをしていた）。まさにデータを読み分析する力はＧＭに必須であり、この情報合戦をいかに制するかが今後のスポーツビジネスの鍵となることは間違いない。

そんな彼らが「自分の椅子を奪われるかもしれない」と脅威を感じている存在が「ＡＩ」だ。前述した統計、物理、数学などの分野はＡＩが進化すれば、仕事は少なくなるはずだ。皮肉にもオタクたちが日々奮闘しているデータ分析による指標が正確になればなるほど、その時代は近づいていく。そして、どの選手を獲得すればいいのかをＡＩが指示を出す時代になるのではないか。日本では、まだプロ野球経験者を中心に編成を行っており、一般のファンも打率や勝利数の数値を重要視している。ただ、少しずつ日本にも、データスタジアム[5]のようなスポーツデータを商品として活用し始めた会社も増えている。前述したが、経営資源が乏しいからこそ、スポーツの最新テクノロジーを活用しなければならない。次の節では、それについて見ていく。

▼5——第1章のインタビューページを参照。

3　スポーツビジネス産業の市場を15兆円にする重要なツール

■スポーツ×ＩＴの現状

スポーツビジネスを多角的な視点で語る重要なキーワードの1つが「スポーツ×ＩＴ」である。政府も経済産業省とスポーツ庁が共同でスポーツ未来開拓会議を開催し、スポーツ産業活性化について議論を行っており、２０１７年の中間報告書でも、ＩＴの重要性が明記された。新ビジネス創出の促進、人材の育成・活用、他産業との融合など、ＩＴの新しい活用方法について言及されている。民間でも野村総合研究所やＮＴＴデータ経営研究所などのシンクタンクで、早くから「スポーツとＩＴ」の研究や実践が行われている。25年までにスポーツ産業の市場を15兆円に拡大する目標に向け官民ともに動き出している。

競技面では、データスタジアム社が行っているようなデータ分析を含め、ＩＴをチームマネジメントに活用する動きが加速するだろう。端的に言うと、データを活用し、選手のパフォーマンスを上げ、チーム戦略に最も重要な指標を創りだすツールになるということである。

この顕著な事例がメジャーリーグを席巻した「フライボール・レボリューション」である。その年のメジャーリーグの本塁打は過去最高の６１０５本であった。それまでの記録は筋肉増強剤が頻繁に使用されたとされる2000年の5693本である。選手から「ボールが飛びすぎる」（飛びやすいボールを使っているのではないか）という声もあったが、これはITを活用したデータ分析の成果でもある。一昔前の野球の常識では、ゴロを打つ方がアウトになる確率が低いと言われてきた。しかし、分析専門家によると、実はフライの方がアウトになる確率が低いという結果が出た。打球の速度と角度を分析すると、初速が158キロ以上、角度30度前後だと打球の8割がヒットになり、その多くがホームランになると結果が出た。これがバレルゾーン（Barrel Zone）と言われるものである。この分析結果にいち早く気づきチームの打撃力に反映させたのが、ヒューストン・アストロズである。17年、メジャーリーグ1位の得点数と2位の本塁打数を誇った。

■成功を収めているメジャーリーグが設立した企業

このような変化は2015年にメジャーリーグの全球場に配備されたスタットキャストの存在が大きい。これはカメラやレーダーを使用し、高精度に選手やボールの動きを分析する。

この導入を進めたのが、リーグが設立したMLBアドバンスドメディアである。インターネットの動画配信をどのスポーツリーグよりも早く事業として成立させ、多くの利益を生み出している。

MLBアドバンスドメディアはチームやメディアにデータを提供してデジタル配信やテレビ放映の技術を上げ、自社運営する動画サイトのコンテンツなどを充実させる。そして、データを見ることの奥深さを伝え、結果的に自社ビジネスにも還元できるモデルを作っている。これにより自社の利益を上げるだけでなく、優秀なビジネスパートナーを創り、産業自体の拡大に成功している。

日本でも2018年から11球団が同様のシステムである「トラックマン」を導入した。しかし、この導入はリーグではなく各球団に任せられ、千差万別の運用となるだろう。ビジネスの構造が違うので致し方ないが、導入が目的ではなく、効果的に運用し、競技力向上につなげなければ意味がない。これらをはき違えないように、ＩＴの活用方法を日本リーグやチームは考えなければならない。

■経営面でのＩＴ活用方法

経営面でもＩＴの活用は必須である。そのキーとなるのが、ＣＲＭ（Customer Relationship Management）＝データで顧客を分析するシステムの活用である。ファンクラブや年間指定席の会員証を電子化し、クレジットカードと連携させ、顧客情報を取り、それらを分析し、クラブが新たなサービスを提供する。そして顧客満足度を高め、収益性をも高めることが一連の流れである。このメリットとしては、個別対応に近い形でのサービス提供が実現する。これで成功している1つのモデルが、アメリカのインターネット販売市場を独占したアマゾンで、日本の楽天などがこれに続いている。２０１９年からプロ野球東北楽天ゴールデンイーグルスの「楽天生命パーク宮城」とＪリーグヴィッセル神戸の「ノエビアスタジアム神戸」とそれぞれの本拠地が、キャッシュレス化対応のスタジアムになった。これはよりＣＲＭを活用したビジネス展開を考えているのではないか。

今、経済の動きとして、紙幣などからクレジットカード、ネットマネー、電子マネーのいわゆるキャッシュレスな世界へ移行しようとしている。無論、日本のプロスポーツ界も地方都市も他人事ではない。地方都市は人的資源も少ない中で創意工夫をしなければならず、手段として重要になるのがＩＴである。

そのような「最新の技術や創意工夫をし、地域の歴史・文化・特色を含めながら、少ない経営資源で最大限の成果を挙げること」こそが、地方都市のプロスポーツクラブのマネジメントであり、本書の主題である広島型のスポーツマネジメントへつながる。

4　広島型のスポーツマネジメントとは

■マネジメントとは

ここまでスポーツビジネスの現状やキーワードを主に述べてきた。ここでは基礎的なスポーツマネジメントや広島型のスポーツマネジメントとは一体何なのかについて説明していきたい。

マネジメントの定義に関して、私は故広瀬一郎氏に、「マネジメントは成果によって定義される」と叩き込まれた。この言葉はマネジメントの大家、Ｐ・Ｆ・ドラッカー氏の定義[6]をもとにしている。プロスポーツクラブの経営で言えば、クラブが成果をあげるために必要な方法を考え、成果達成へ全体適合を目指す論理（ロジック）である。ゆえにこの論理は各球団によって違い、それぞれで成果を定義する必要がある。各クラブの課題や特色を見極め、トライ&エラーを繰り返しながら成果を挙げることが、現在のスポーツビジネスにおけるマネジメントではないか。

■地方都市のスポーツマネジメントとは？

前述した広瀬氏の『スポーツマネジメント入門』（東洋経済新報社）では、スポーツマネジメントを「入場料収入をとってスポーツを見せる組織が、成果を得るための方法論」と定義している。

また2000年代になり、売上だけでなくコストを考えた利益が重要な時代になってきた。それをふまえて、広瀬氏はスポーツマネジメントの必要性と目的を「①収入とコストのバランスを整えること、②投資の性質を持つ選手人件費について、その安全性や収益性を考えたポートフォリオ（有利な分散投資の組み合わせ）をどのように組むか、将来のことも考えて戦略的にコントロールしていくこと」[7]と述べている。つまり、チーム同士は勝敗を競うが、相手がいないとゲーム（商品）は成立しないので、共存共栄しなければならない特殊な産業であることと理解する。そして、勝敗と事業性をリンクさせないことが重要である。勝たなければ何も残らないのでは意味がなく、お客さんに喜んでもらう=顧客満足度を高めることが重要だと理解しておかなければならない。それらを理解した上で、短期・中期・長期のビジョンや戦略を立てなければならない。

プロスポーツクラブの主な収益源は、放映権料、スポンサー、入場料、グッズ販売の4つだと言われている。ここで振り返ってみてほしい。プロスポーツの商品は試合であり、魅力的な試合とスタジアム作りをして、入場料収入を得るのが基本となる。だが、現実的にはそうなっていない。

特に都市圏と比較して、市場規模や資源が乏しい地方都市のクラブは尚更、そのミッションは困難になってくる。Jリーグでみると、2017年度の収支報告でJ1〜3のクラブで鹿島アントラーズ、アルビレックス新潟、ガンバ大阪、ヴィッセル神戸、水戸ホーリーホック、ジェフユナイテッド千葉、横浜FC、湘南ベルマーレ、ツエーゲン金沢、京都サンガFC、レノファ山口FC、YS横浜、ガイナーレ鳥取、FC琉球は単年度赤字である。うち金沢、京都、鳥取、琉球の4クラブは2期連続赤字となっている。鹿島や神戸は選手の人件費が大きく影響しており、各クラブの状況は違うが、過去を見ても、都市規模が小さくビッグスポンサーがいないクラブは赤字に陥りやすい。また、15年には愛媛FCが赤字を黒字と偽る不適切な会計処理を行い、Jリーグから処分を受けている。

だからこそ重要なのが、入場料収入とグッズ販売収入である。プロスポーツビジネスの根本はスタジアムに足を運んでもらい、ファンに喜んでもらうことである。それが試合の価値も高める。選手もガラガラのスタジアムで試合したくないのは当たり前で、熱狂する雰囲気やサービスを提供することがクラブの収益につながる。さらにスタジアムが満員になることで、住民やファンのクラブへの帰属

▼6―― P・F・ドラッカー著 上田惇生編訳『マネジメント・基本と原則』ダイヤモンド社 2001、9ページより参照・引用。ドラッカーは「マネジメント」を組織に成果を上げさせるための道具、機能、機関と定義している。また、マネジメントの役割として①自らの組織に特有の使命を果たす。②仕事を通じて働く人を生かす、③自らが社会に与える影響を処理するとともに、社会の問題について貢献するとも述べている。

▼7―― 広瀬一郎『スポーツマネジメント入門 第2版』東洋経済新報社、2014、43ページより引用。

意識が高まり、ひいては地域のアイデンティティを醸成する社会的効果も生まれる。グッズ販売収入については第2章で詳しく述べるが、他の3つに比べ、グッズ販売は現物を何種類も創る必要があり、コストがかかる。ある意味で、一番リスクのある収入戦略である。しかし、リスクのないビジネスなど存在しない。工夫すれば十分な収益につながることは、広島東洋カープなどが証明している。

この2つに加えて、私はスタジアムビジネス収入も重要になると考える。これまで日本のスタジアムは自治体やそれに関する外郭団体が運営してきたが、自治体に使用料などを支払う等の条件をクリアし、営業や運営権の委託を受ける指定管理者制度や自前のスタジアムを持つクラブが増えてきた。

この権利を有した上で、飲食販売収入や看板広告料、イベント開催収入、試合を開催していない時の使用料収入などを得るスタジアムビジネスが重要になってくる。この3つの収入源を核として、「最新の技術や創意工夫をし、地域の歴史・文化・特色を含めながら、少ない経営資源で最大限の成果を挙げること」が本書の、地方都市のプロスポーツクラブのマネジメントであると考える。

■情報の透明化、人材育成、付加価値の提供、ＣＲＭがキーワード

地方都市のプロスポーツクラブ経営上のキーワードは情報の透明化、人材育成、付加価値の提供、ＣＲＭではないかと考える。これについては、国内でも数少ないスポーツファイナンス研究者、大阪産業大学教授永田靖氏へＳＰＡＩＡでインタビュー[8]した際に出てきたキーワードをまとめていく。

まず情報の透明化だが、日本では「スポーツでビジネスを行うこと」の認知度が低いところに原因

がある。日本人にはスポーツ＝体育というマインドがあり、企業もスポーツにお金を出すことを懐疑的に思っている。つまり、お金を出す効果や意義を見出していない状況にある。

片やスポーツ球団もお金をどこにどのような使い方をしているのかを「透明化」していない部分に問題がある。JリーグやBリーグは収支報告書を出しているが、詳細には公表しておらず、プロ野球は全く出していない。つまり、情報の透明化がビジネス上で重要であることがわかる。

その解決に最も重要なのは「経営がわかる人材」である。現在、この「経営がわかる人材」は残念ながらあまりいない。今は「スポーツが好き」、「現場で選手として働いていた人」、「親会社からの出向」のような方々が多く、マネジメント、マーケティング、ファイナンスの話をしてもなかなか理解されない。この3分野が分かる人材が整ってようやくスポーツを産業化する準備ができ、それがないと土台から崩れてしまう。

一見、華やかな世界だが、働く環境や条件も整備しようにも現場は厳しい状況にある。選手をカットするのか、経営コストをカットするのか悩ましいところがある。この打開策について、永田氏は「クラブ単体ではなく、共有する考え方もあるのではないか」と提案をしている。永田氏は「例えば、

▼8―― スポーツ×AI×データ解析　総合メディアサイト「SPAIA」でのインタビューの模様はこちらにアクセスしてご覧いただきたい。
【スポーツ×お金】第4回「スポーツファイナンスの第一人者に聞くスポーツとお金について」

広島だとサンフレッチェとドラゴンフライズがスタッフを共有するイメージで、バックオフィスの機能、総務、人事、経理などは共有可能ではないか。これは財政の苦しいクラブ同士のことを想定しているが、少ない経営資源で優秀な人材を雇うことはできないし、効率的に経営を行っていく上では、工夫が必要である」と言っている。

各クラブの重複部門を統合し、浮いた資源で選手や経営のわかる人材を獲得すれば、ゲームのクオリティーを落とさずにファンが試合会場に来てくれると考える。そうすることで、ようやくファンに対して、「感動する経験や体験」という付加価値をつけて商品にできる。試合内容だけでなく、付随するスタジアムや飲食、グッズなどをふまえた「付加価値」を提供していくことがスポーツビジネスの本質である。この付加価値を発信し、顧客のニーズを知ることが必要だが、モノとしてないわけで数値化も難しい。例えば、プロ野球は高い視聴率がブランドだった。プロ野球は視聴率が高いことを換算して商品化してきた。スタジアムで付加価値を付けなくても良く、顧客のニーズを知る必要もなく、ゲームだけを行っておけばよかった。この付加価値をより高めて提供していくためには、球団独自でCRMの活用を推進していくことが必要である。プロ野球はパ・リーグに積極的に活用している球団があるが、全球団に浸透していない。JリーグやBリーグにはシステムは導入されているが、上手く稼働していると言えば懐疑的な部分がある。

アメリカでは、このCRMを全球団導入して顧客情報を集め、分析し、顧客満足度を高めている。このような付加価値をつけていく上では、地方都市の球団こそが経営資源が乏しいので、顧客分析を行うことが重要である。そのためには人材育成をしなければならない。

■広島型のスポーツマネジメント

広島には他の地方都市と比べて、プロスポーツの長い歴史と継続力がある。プロ誕生前から野球が盛んであり、広島商業、呉港、広陵高校は戦前に全国優勝を果たし、戦時中も軍都であったこともあり、全国から優秀なスポーツ人材が集まっていた。原爆投下後も、1945年11月に市民を勇気づけるために、元広島商業監督保田直次郎が有志を集めて、進駐軍と対戦した記録が残っており、翌年には社会人野球のオール広島が結成されている。

この「戦前からのスポーツ振興」と「原爆投下という悲劇からの復興」という地域の歴史・文化・特色が広島のプロスポーツクラブを運営する土壌となっている。例えば、8月6日の原爆が投下された前後の日にはピースナイターなど銘打って、平和を祈念する試合を各球団は開催している。また、海外のチームや関係者が来た際には平和記念公園に慰霊をしてもらうことも意識的に行っている。

このような地域の特徴をつかみながら、地方都市のプロスポーツクラブは運営しなければならない。公共財としての側面もあるからだ。国内ではスタジアムは税金で作られることが多く、クラブに自治体から資金や物資などを投資している場合もある。それらを無視して、自らの利益だけを追求するわけにはいかない。カープ球団も前田健太のメジャーリーグ移籍金として約23億円を得た。その一部の5億円を広島市へ寄付し、キャンプ地の宮崎市と沖縄市にも1億円寄付している。

また、経営面からも地域のことをリサーチしなければならない。先進的なＩＴ技術も重要だが、例えば高齢者層が多い地域にはＳＮＳで広告するだけでなく、地元の新聞や雑誌とも連携して企画を作る。近年、カープ関連の書籍が多く出版されているが、紙で活字を読む50代以上の世代が買う傾向が高い。球団は球界再編問題以降、選手をより積極的にマスメディアへ登場させ、露出を増やし、全国的な人気へとつなげた。

またマツダスタジアムでも広島の名物が多く売られており、スタジアムへ行くまでの道、通称「カープロード」や広島駅周辺では多くの出店で賑わっている。地域の歴史・文化・特色をホームタウンとして継続させる力が広島にはあり、他の地域にも多いに学ぶところがあるのではないか。

経営形態も特長的で、野球、サッカー、バスケットボールと、どのクラブも最初から独立採算制の地域密着型球団である。カープやサンフレッチェはマツダの支援を受けているが、子会社でもなければ、赤字を補填されているわけでもない。地元の市民やファンに支えられ、放映権料や親会社からの多額のスポンサー収入ではなく、入場料収入、グッズ販売収入、スタジアムビジネス収入の重要性をいち早く理解し、独自の経営を行ってきた。

ゆえに、３番目の特長であるが、逆境を乗り越えてきた力強い経営のアイディアと工夫がある。この逆境の歴史も後の各章で詳細に述べるが、カープは１９５０年の球団発足2年目での経営難で、石本秀一監督が広島県全体に後援会制度を作り、まさに市民球団をＰＲし、大洋ホエールズとの合併を免れた。２００４年の球界再編問題と旧広島市民球場の老朽化問題では、球団は地域担当部を創設し、改めて地域密着型の球団運営を実施する。また、市民や地元メディアも協力し、平成の「たる募金」[9]や署名活動を行い、行政を動かしマツダスタジアムの建設に至った。サンフレッチェはJ2へ2度降格し、赤字を解消するために資本金を切り崩す苦渋の決断を行った。だが、そこから安定経営を行い、独自の育成とスカウティング技術を駆使してチームを強化しJリーグ初優勝へ導き、過去最高の収益と観客動員数を上げる。ドラゴンフライズは発足当時から大赤字が続き、次々と経営者を変える事態となったが、青年社長が独自の経営戦略を展開し、B2リーグで屈指の観客動員数と売上を誇る球団へ生まれ変わろうとしている。

このような、「地域の歴史・文化・特色」、「独立採算制の地域密着型球団」、「逆境を乗り越えてきた経営のアイディアと工夫」、これらを特長として「最新の技術や創意工夫をし、地域の歴史・文化・特色を含めながら、少ない経営資源で最大限の成果を挙げること」を実践してきたのが広島型のスポーツマネジメントである。次の章からは各球団の具体的な事例や戦略について分析を行う。

▼9――　2004年11月、官民で組織する「新球場建設促進会議」が設置された。同時に、中国新聞、中国放送などの地元マスメディアは「たる募金」と題して建設資金のために市民募金運動を実施し、最終的に約1億2000万円の募金を集めている。

■特別座談会

「スポーツビジネス新時代――データとAIの新しい活用方法」

右から松元氏、田上氏、金島氏（写真提供「SPAIA」）

本章でもキーポイントである「データ」と「スポーツ×IT」。この2つについて先進的な取り組みを行うデータスタジアム株式会社の元プロ野球選手と、AIを導入し試合の勝敗予想を行い注目を集めるスポーツメディア「SPAIA」を運営する株式会社グラッドキューブの代表と座談会を実施した。

座談会参加者
データスタジアム株式会社取締役執行役員　松元繁氏
データスタジアム株式会社ベースボール事業部　田上健一氏
株式会社グラッドキューブ代表取締役CEO　金島弘樹氏

――選手の引退後の職業と言えば、指導者という仕事が思い浮かびます。しかし、松元さんと田上さんはデータを扱うスポーツビジネスの企業へ入社されました。なぜ、入社されたのか、きっかけを教えてください。

松元：私はこの会社に入る前は、プロ野球選手でした。引退することを決めて、チームに残るか残らないかを判断するときに、外の世界を見てみたいという思いがありました。とは言っても、それまでのスポーツキャリアを活かせる職業が良いとも考えていました。私としては、スポーツビジネスを絶対に行いたいというよりも、チームの現場ではないところで働くことを第一に考えて、この会社を選びました。

田上：私の場合は、選手を引退した後に、スコアラーでチームに残りました。その中で、ITというものが、チームの戦略に欠かせないものになっていると感じていました。例えば、プロ野球では今年からトラックマンが本格的に各球団へ導入されます。また、ファンの方々に対しても、データを楽しんでもらう時代になっています。これからは野球に関わらず、他のスポーツでも多角的にデータを活用する時代になってきています。そのような時代の流れで、チーム現場ではなく、広い視野でスポーツ界に貢献したいと考え、入社を決めました。

この座談会の全容はスポーツ×AI×データ解析 総合メディアサイト「SPAIA」に掲載されている。座談会では引き続きスポーツデータの重要性とビジネス、そして、スポーツ×ITを駆使したライト層への具体的な提案や、スポーツ界を担う人材について熱い議論が交わされている。ぜひ、QRコードよりアクセスしていただき、サイトを含めて座談会をご覧いただきたい。

第2章

広島東洋カープのマネジメント

写真出典：「写真アルバム『昭和32年起　球場写真帖』」広島市公文書館所蔵

1 広島のプロスポーツクラブの原点、広島東洋カープはどんな球団か？

Q ヒト・モノ・カネが乏しい中で、長期的に地方都市で球団を経営するためには、何をしなければならないのか？

■広島東洋カープはどう経営してきたのか？

この章からは、各球団のマネジメントについて考察していきたい。

前章でも述べたが、広島のプロスポーツクラブの原点は広島東洋カープにあり、約70年の歴史を持つ。カープの経営史については拙著『我らがカープは優勝できる!?』（南々社）に詳しく書いているが、本書では経営部分を重点的に振り返り、なぜこの球団が「地域の歴史・文化・特色」、「独立採算制の地域密着型球団」、「逆境を乗り越えてきた経営のアイディアと工夫」を持つことができたのか？　の基礎となる部分を見ていきたい。

表2-1と**表2-2**を参考に、1949～55年の草創期、1956～74年の形成期、1975～92年の発展期、1993～2003年の低迷期、2004年～現在の展開期と区分けを行い検証していく。

表2－1　広島東洋カープ主な経営年表

1945年	広島に原爆投下
1949年	・谷川昇（元衆議院議員）、築藤鞆一（中国新聞社代表取締役）、伊藤信之（広島電鉄専務）の３氏をもって正式に日本野球連盟に広島野球倶楽部の加盟を文書で申請 ・チーム名は「カープ」 ・地元広商出身の石本秀一監督就任が決定
1950年	・株式会社として正式にスタート ・社長は檜山袖四郎（元広島県議会議長）が就任
1951年	・球団経営の危機の中、広島市警などの警官約400名から1万5620円が贈られる。これによって「たる募金」が始まる ・役員会で一旦球団の解散を決定するも、後援会構想を打ち出し、存続へ ・後援会が発足。支部数163、会員数1万3141人、約270万円の支援金が集まる
1953年	役員会で球団と後援会の一本化を決定（石本秀一監督が総監督兼常務取締役として球団運営に当たることに）
1955年	・「株式会社広島カープ」が12月に発足 ・初代社長は広島電鉄の伊藤信之が就任 ・資本金は500万円で東洋工業、広島電鉄、中国新聞社など13社が出資
1956年	新会社「株式会社広島カープ」が１月に正式に設立
1957年	広島市民球場完成
1958年	市民球場の内野スタンドが財界からの6000万円の寄付で拡張（収容人数は7000人増の2万4500人へ）
1962年	・緊急役員会で松田恒次東洋工業が新社長に就任 ・球団初めて県外でのキャンプを宮崎県日南市で行う
1967年	オーナーに松田恒次東洋工業が就任。経営一本化に伴い、球団名を「広島東洋カープ」と改める
1970年	・「カープ少年の会」が発足 ・松田恒次オーナーが死去、松田耕平オーナー代理がオーナーに就任
1973年	ユニフォームが変更され、帽子のマークも「C」に変わる
1974年	ジョー・ルーツ打撃コーチの監督就任決定。球界史上初めて帽子の色に赤を使用するなど、チーム改革が始まる
1975年	・ルーツ監督がわずか15試合で退団決定。古葉竹識コーチが監督に就任 ・ペットマークの「カープ坊や」が完成 ・後楽園球場で巨人に勝利、球団創設26年目で念願の初優勝 ・平和大通りで優勝パレード、沿道に集まったファン約30万人が集まる
1979年	日本シリーズで近鉄を下し、球団史上初の日本一
1980年	２年連続３度目のリーグ優勝、２年連続日本一の栄冠
1983年	広島カープ後援会が32年間の歴史に幕を閉じ、解散
1984年	４年ぶり４度目のリーグ優勝、３度目の日本一

1986年	２年ぶり５度目のリーグ優勝
1988年	松田元オーナー代行がドミニカ共和国に野球学校設立を計画
1990年	ドミニカに「アカデミー・オブ・ベースボール」を開校
1991年	５年ぶり６度目のリーグ優勝
1993年	山口県由宇町に２軍専用の練習場完成
1995年	マスコットキャラクター「スライリー」が登場
1998年	広島市が貨物ヤード跡地を先行取得
1999年	球団創設50周年を迎え、キャッチフレーズとシンボルマークが決定
2001年	周辺の娯楽施設と一本化させた天然芝オープン球場を建設する方針を決定 球団も事業化検討
2002年	・松田元オーナー代行がオーナーへ就任 ・地元経済４団体が、屋根付き建設を求める要望書を広島市に提出 ・広島市と日米企業体「チーム・エンティアム」が建設へ準備開始
2003年	・チーム・エンティアムが事業化断念 ・地元経済界は「新球場構想検討準備委員会」設立を提案
2004年	・球界再編問題から危機感を感じ、地元メディアが中心となり、「平成のたる募金」が開始される ・市民球場立替案が浮上、官民一体で検討
2005年	・１年間行われた、たる募金は約１億2000万円集まり、広島市に寄付 ・一転して、市と県、経済界がヤード跡地建設でまとまる
2006年	・新球場の事業コンペが始まる ・球団史上２人目の外国人監督となるマーティ・ブラウンが監督に就任 ・ベース投げTシャツを販売。グッズ開発の草分けとなる
2008年	旧広島市民球場ラストイヤー
2009年	マツダスタジアム開場
2013年	松田一弘氏オーナー代行へ就任
2014年	・緒方孝市コーチが監督へ就任 ・黒田博樹、新井貴弘がカープへ復帰
2015年	前田健太がメジャーリーグへ移籍
2016年	25年ぶりの７度目のリーグ優勝
2017年	８度目のリーグ優勝
2018年	９度目のリーグ優勝

出典：中国新聞などを参考に筆者作成。

■草創期

まず、1949～55年の草創期は日本のプロスポーツ界にとって重要であると考えられ、また、今日に活かされるファン戦略に通じる事柄が多くある。

初めにおさえるべきは、広島東洋カープは被爆からの「復興のシンボル」だった点である。戦後、プロ野球球団もしくは本拠地の球場はそれぞれの都市で復興のシンボルであった。例えば、戦災で甚大な被害を蒙った大阪も広島と同様であり、大阪府などの税金が投入され、昭和の大阪城と呼ばれた大阪スタヂアムなどはそうであっただろう。

広島の場合は復興のシンボルとしての機能がより強く働いた。**図2-1**

表2-2　広島東洋カープ歴代監督年表

年代	名前	最高順位
1950-1953	石本秀一	4位
1953-1960	白石勝巳	4位
1961-1962	門前眞佐人	5位
1963-1965	白石勝巳（2期）	4位
1965-1967	長谷川良平	4位
1968-1972	根本陸夫	3位
1973	別当薫	最下位
1974	森永勝也	最下位
1975/4.30まで	ジョー・ルーツ	解任
1975-1985	古葉竹識	日本一
1986-1988	阿南準郎	1位
1989-1993	山本浩二	1位
1994-1998	三村敏之	2位
1999-2000	達川晃豊	5位
2001-2005	山本浩二（2期）	4位
2006-2009	マーティ・ブラウン	4位
2010-2014	野村謙二郎	3位
2015-2019	緒方孝市	1位

出典：日本プロ野球機構公式HPより筆者作成。

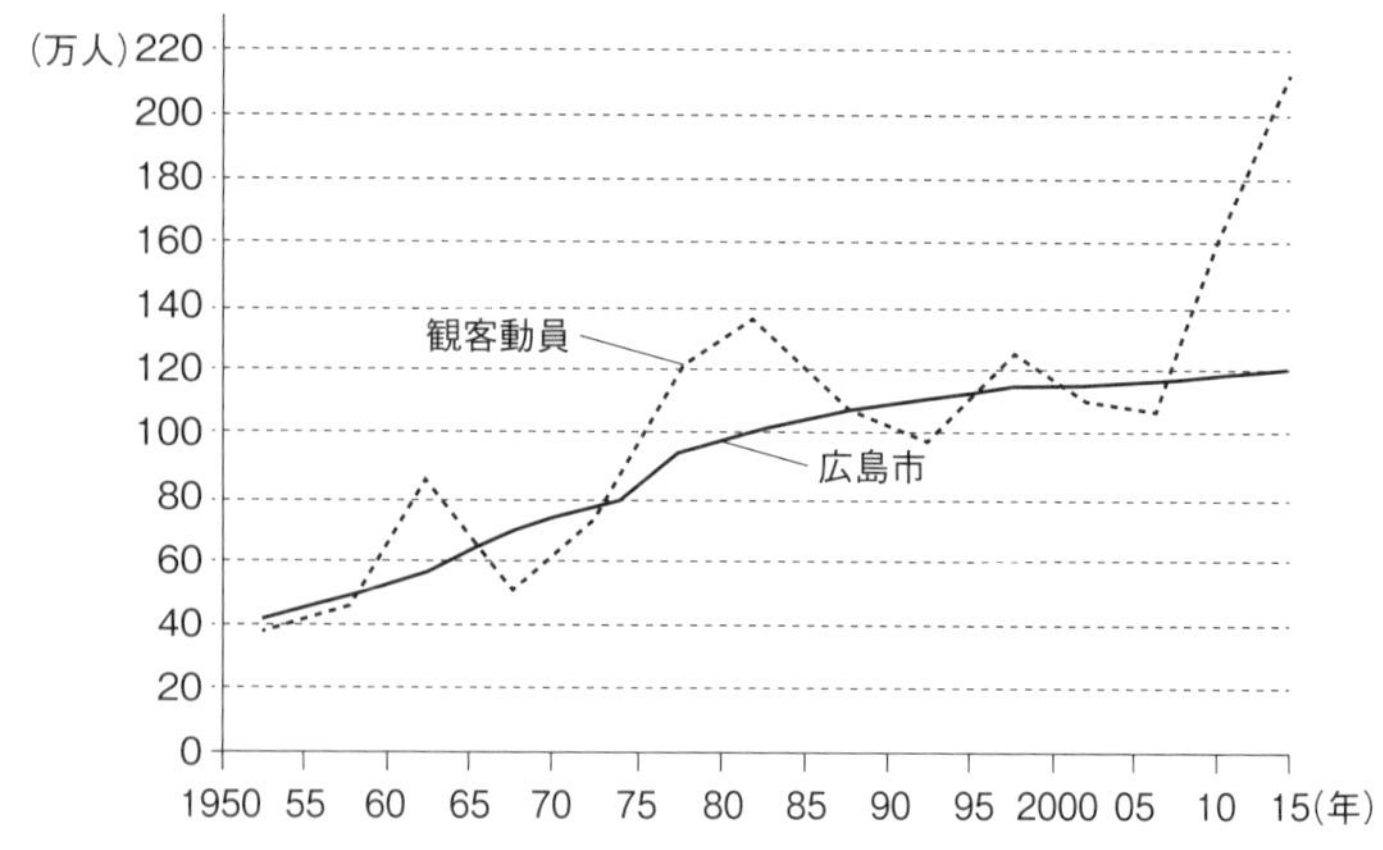

図2－1　1950～2015年広島市の人口と広島カープの観客動員数の推移

出典：日本プロ野球機構公式HPより筆者作成。

を見てわかるように、広島県営球場時代と旧広島市民球場時代の被爆から間もない1950年から、ほぼ広島市の人口と同規模の観客動員数が見られる。また、初優勝からチームが強くなった70年代半ばから80年代半ばまでは人口を大きく上回っている。さらに初優勝する75年までに3位以上になったシーズンが1度しかなく、勝ち負けでファンが来場していなかったことがわかる。

前述したが、広島の野球熱と「プロ野球2リーグ構想」から、1949年に代議士の谷川昇、広島電鉄専務の伊藤信之、中国新聞社社長の築藤鞆一が連名で日本野球連盟へプロ球団加入文書を提出した。ここでポイントとなるのは、1企業での申し込みでないのはカープが唯一であることだった。他の球団は新聞、食品、交通会社など大きな後ろ盾がある。これは一見、経営を有利にしていくと考えられたが、後々、逆の現象が起きる。このようにカープの発足経緯は特異である。まず、原爆投下され復興がままならない中、野球熱は冷めることなくむしろ広がっていった。これは暗い世相の中、市民が娯楽に飢えていたことが推測でき、まさに人々は復興のシンボルを求めていたのである。また、ＧＨＱが日本の野球人気を利用し、日米間の文化交流とアメリカのイメージ向上を図っていたという社会の流れも反映していた。

２つ目のポイントは球団発足の理由が会社の利益や広報ではなく、「広島にプロの球団を作ったら、市民がどんなに喜ぶだろう」という思いだけだった点である。これは、序章であげた他のプロ野球球団にある企業のインフラ整備やメディア価値を意識した経済的効果を狙ったものでもない。むしろ、被爆から復興する苦しい生活状況への娯楽の提供であり、地域のアイデンティティを醸成するような社会的効果を狙っていたと考えられる。このような球団の発足にまず、カープの独自性がみえる。

その後、広島県、広島市、福山市、尾道市、三原市などの地方自治体、地元経済界、個人などからの出資で、１９４９年に株式会社「広島野球倶楽部」を設立し、会長に富士製鉄社長永野重雄、社長に県議会議員の桧山袖四郎が就任した。思いだけで加入しているため初年度（１９５０年）から経営状況は悪く、２軍の全選手をリストラするなど、かなり厳しい状況にあった。

２年目の１９５１年も状況は変わらず、大洋への吸収合併が図られる。この球団消滅の危機に１人のリーダーが立ち上がる。監督の石本秀一である。石本に関しては、詳しく次の節で述べるが、広島県全体に後援会を立ち上げ、株券を発行し、その資金で消滅の危機を逃れる。これが、今日までのカープの礎を創った草創期の独自性である。そんな草創期のファン戦略は完全に地域密着型である。

■形成期

次に1956～74年の形成期を見ていく。この時期は、特異な発足の経緯があったいわゆる市民球団の形から、「日本のプロ野球球団」としての形が作られていく時期である。

1955年には借金が膨らみ、広島野球倶楽部は解散する。そして、1956年に株式会社広島カープを設立し、広島電鉄社長の伊藤信之が社長に就任する。翌年、広島市民球場の完成で座席数が増え、全体的な観客が増えた。その効果でスポンサーが少しずつ増え、経営が安定してくる。

経営形態を見ると、1962年に発言権が強かった東洋工業（現マツダ）社長の松田恒治が社長に就任する。この時期は東洋工業などの地元有力企業、中国新聞、後援会組織などが中心となり運営していた。それぞれに発言権があり、メインスポンサーが数社あり、その下にサブスポンサーや後援会がある現在のJリーグと同じような独立採算形態だった。しかしこの形態は1社から大きな資金は得られず、集める時間も掛かる。一方、他球団が行っていた親会社や大きなスポンサーを集める方法は大きな資金が一度に得られ、経営にもゆとりが出る。一見後者が有利な気がするが、この方法だと親会社の経営が苦しくなると撤退してしまう可能性があり、リスクになる。

また地方都市の場合、大企業が少ない。ゆえに関係構築や認知度向上のためにも堅実に薄く広く集めるスポンサー戦略の方が良いと考える。そうすると、1社の経営が減退しても他のスポンサーがあることで、経営への影響が少なくなる。実際に、カープと同時期に加盟した松竹や大映、毎日、西日本新聞といったメディア関係会社、国鉄や西鉄といった交通会社はこの形成期までに球団経営から退き、次々と球団名や本拠地が変わっていた。

この時期のファン戦略は、球場で来る人々へ試合を提供するいわゆる「興行型」である。1957年にナイター設備を配備した広島市民球場（現在の旧広島市民球場）が完成する。収容人数はそれまでの広島総合グランドの約1万3000名から約2万5000名（現在は約3万2000名）に増加し、興行上の設備が整い、**表2-3**に示すように入場者数が約30万人増え、収入が増加し安定した。

また広島の急速な復興から、地元企業から多くスポンサーを募れるようになった。すると、個人会員の会費が主な収入源だった後援会組織を中心とした地域密着型の戦略よりも法人組織の方が出資してもらえる額が大きく、効率的に球団経営を安定させることができる。ゆえにそちらを重視するようになり、球団は球場での興行をどのように回すかということに力を入れるようになる。

そして1967年に球団名が広島東洋カープになり、東洋工業社長の松田恒治がオーナーに就任した。この裏には東洋工業、中国新聞、後援会が球団経営や人事などで三つ巴になり、チームが1つになれない事情があった。チーム名は当初、広島カープのままだったが、税法上親会社の宣伝媒体であることを印象づけなければならず、東洋を入れた。

ここから「株式会社広島東洋カープ」になり、現在までの同族経営型かつ独立採算型になる。元広島市議会議員平野博昭氏の資料によると、筆頭株主はマツダで34・2%、次は松田元オーナーの20・4%、残りは系列会社（カルピオ）と松田家の親族で固められおり、松田家が約60%を持っている。

このような形態は親会社ありきの日本プロ野球界の中では、異例中の異例である。また、球団を経営

表２－３　1952～2019年広島東洋カープ観客動員数・リーグ順位

年度	観客動員数（人）	順位	年度	観客動員数（人）	順位
1952	349,950	6位	1986	1,076,000	1位
1953	487,845	4位	1987	1,124,500	3位
1954	444,480	4位	1988	1,023,000	3位
1955	459,287	4位	1989	1,094,000	2位
1956	476,954	5位	1990	959,000	2位
1957	746,000	5位	1991	1,220,000	1位
1958	841,500	5位	1992	1,252,000	4位
1959	862,965	5位	1993	1,116,000	6位
1960	831,300	4位	1994	1,150,000	3位
1961	674,800	5位	1995	1,245,000	2位
1962	630,500	5位	1996	1,294,000	3位
1963	526,600	6位	1997	1,163,000	3位
1964	625,500	4位	1998	1,140,000	5位
1965	508,300	5位	1999	1,066,500	5位
1966	622,100	4位	2000	1,109,000	5位
1967	622,100	5位	2001	1,000,000	4位
1968	478,000	3位	2002	1,046,000	5位
1969	743,000	6位	2003	946,000	5位
1970	700,100	4位	2004	986,000	5位
1971	584,300	4位	2005	1,050,119	6位
1972	525,300	6位	2006	1,006,415	5位
1973	752,900	6位	2007	1,129,061	5位
1974	649,500	6位	2008	1,390,680	4位
1975	1,200,000	1位	2009	1,873,046	5位
1976	993,000	3位	2010	1,600,093	5位
1977	884,000	5位	2011	1,582,524	5位
1978	1,060,000	3位	2012	1,589,658	4位
1979	1,454,000	1位	2013	1,565,598	3位
1980	1,314,000	1位	2014	1,904,781	3位
1981	1,047,000	2位	2015	2,110,266	4位
1982	1,037,500	4位	2016	2,157,331	1位
1983	916,000	2位	2017	2,177,554	1位
1984	1,103,000	1位	2018	2,232,100	1位
1985	1,056,000	2位	2019	2,223,619	4位

注：2005年からは実数発表。
出典：日本プロ野球機構HPや報道資料などから筆者作成。

していく上で、誰に責任があるのかをしっかりとしていくことが必要である。親会社からの出向で赤字を出してもいい球団経営に未来はない。カープは球団発足から経営形態としてそれができなかったのが、逆境を乗り越えるポイントとなった。

この時期には、序章でも述べたように巨人中心で回るプロ野球界のシステムにカープも本格的に組み込まれていく。大きな要因はＴＶメディアの発達である。広島でも１９５６年に行われたＮＨＫ全国ＴＶ中継（対大洋戦）を皮切りに、民放局が次々に開局された。人々はカープ情報をＴＶメディアで幅広く得られるようになり、ＴＶメディアのコンテンツとしての価値が増していくことになる。

■発展期

続いて、１９７５～９１年の発展期である。それまでの地道なチーム強化が実り、カープは１９７５年に初優勝をする。このインパクトはとても大きかった。**表2-2**を見てもわかるが、観客動員数が、64万９５００人から１２０万人と約2倍になっている。

その要因として、ただチームが強かっただけでなく、25年間優勝がなかった弱小球団からの初優勝というストーリーが日本全国に認知されたことが大きく影響している。そのきっかけとなったのが、球団初の外国人監督ジョー・ルーツである。燃える闘志を表す意味をこめて帽子、ヘルメットの色を赤にした。日本プロ野球界になかったチームカラー「赤」のインパクトは、他球団と差別化する上で大きかった。変化は言語化よりも視覚化することで、その印象度も違う。一般企業もロゴや社名を変えることがあるが、企業のメッセージやビジョンを伝える為には視覚化が重要である。

そして、被爆からの復興、球団存続の危機などを乗り越えた球団のサクセスストーリーは全国にマスメディアを通じて広まり、「赤ヘル旋風」と名付けられ、社会現象となる。これはある意味で、都市圏に対するカウンターカルチャーとして世間に受け入れられたのではないか。この時期、北海道や東北など地方部には球団がなく、巨人を応援していた。しかし、若者文化ではこの時期、カウンターカルチャーやサブカルチャーが隆盛し、カープもその代表格となった。認知度が上がり、広島出身者だけでなく、全国にファンを持つようになる。そして、1990年代前半までセリーグで強豪チームとなり、前述したTVメディアの充実からメディア価値がますます高まっていく。

そういった状況下で、球団運営も地域よりマスメディアとの結び付きが強くなる。いつしか球団はファンや市民にとって敷居の高いものになっていった。これはテレビが影響しているのは間違いない。ファンにあえて遠い存在であることで、カープの価値が高まると考えたからだろう。

国民的娯楽となったプロ野球はファン戦略を考えなくてもよかった。それは広島も例外ではない。特に初優勝を果たし、強豪チームの仲間入りをしてからはそうである。

■低迷期

だが被爆から64年経ち、復興のシンボルとしての機能は薄まり、観客動員数が減少したのが1993〜2003年の低迷期である。**表2-1**や**表2-2**を見ても、1990年代前半から観客動員数が減少していく。優勝から遠ざかり、93年には74年以来の最下位、97年からは一度もＡクラスに入れず、成績が低迷していく。さらに人びとの価値観や娯楽の多様化なども影響し、視聴率も低迷していく。このようなカープをとりまく環境が変化したことにより、カープは地域での存在価値低迷と放送権料や入場料収入の減少という２つの大きな問題に直面した。

１９９３年のJリーグ開幕も影響を及ぼしている。空前のJリーグブームがおとずれ、広島にもサンフレッチェ広島が設立された。サンフレッチェは94年のリーグ前期で優勝し、その年のホームゲームの観客動員数は22試合で37万８１９５人を動員し、人気チームとなった。地域密着を理念に掲げたJリーグは人々の目に新鮮に映り、プロ野球は絶対的なものではなくなる。ゆえに、カープは92年から最後にＡクラスに入った97年まで観客動員数が減少していないが、それまでの球界システムからなかなか脱却できず、少しずつ球団の経営が厳しくなっていく。

そんな中で２００４年の近鉄とオリックスの合併問題から起きたのが、球界再編問題である。この問題では、１リーグ構想や球団合併など様々な議論がなされた。カープも合併するのではないかとの報道も流れ、広島の街も慌ただしさを見せるようになる。そして次に展開期を迎えるのだが、ここに関しては、現在のカープのマネジメントを行っている期間なので、第３節以降に詳しく述べる。

Key Point
・地域のシンボル機能を担える存在を目指す
・地域のアイデンティティを醸成するような社会的効果を狙った公共財としての側面を持つこと
・地元企業とお金だけではないより良いスポンサー関係を構築する
↓1社ではなく、複数の企業と構築をする
・「地方」の独自ストーリーを効果的に発信して、マスメディアを上手く利用する
・イメージカラーを刷新するなど、球団のメッセージやビジョンを視覚化する

2 「カネ」がない中での、「ヒト」の重要性

Q
球団消滅や合併問題が生じた時に、何を考え、どう行動し、対応するのか?

■広島型の経営人材育成とリーダーシップ

地方都市のプロスポーツクラブを設立する上で、一番の問題が資金である。第1節でも述べたように、カープも非常に苦しい中で経営をしてきた。「カネ」そして、創設当初は「モノ」もなかった。その中でファンや市民が助けて「ヒト」に恵まれ、人材育成をしっかり行ってきた。カープはよく

育成球団と言われるが、選手だけではない。監督やコーチ、スカウト、そして経営陣にも優秀な人材が多く育った。カープの監督でいえば、初優勝を飾り、カープの黄金期を作った古葉竹識がいる。古葉は選手時代も盗塁王を獲得するなど優秀だったが、南海で野村克也に学んで、カープへ帰ってきて、メジャーリーグを経験したジョー・ルーツの元で勉強をし、39歳の若さで名監督となっていく。

その黄金期の土台を作ったのが、根本陸夫である。根本は近鉄時代には選手として開花しなかったが、引退後コーチやスタッフとして能力を発揮し、特に組織作りでは一目置かれていた。1967年にカープへコーチとして誘われ、68年に監督へ就任する。根本は能力あるコーチスタッフを採用し、山本浩二や衣笠祥雄を一流選手へと導く。ゼネラルマネージャーとしても評価が高く、西武の黄金期を作り、ダイエーでは下位を争っていたチームを立て直した。また上田利治は後に阪急ブレーブスで名将となるが、カープは幹部候補生として獲得した。上田は24歳の若さでコーチになり、野球だけでなく、東洋工業でビジネスや組織の勉強を行い、名将の礎を築く。他にも、三村敏之は選手としても活躍したが、監督になり、東北楽天ではゼネラルマネージャーも務めた。コーチやスカウトでも独自の工夫と方法で人材を輩出している。

経営陣も、カープを形成した松田恒次、発展期を作った松田耕平、現在の松田元と、松田家が市民球団を受け継ぎ、脈々と経営を続けてきた。松田家だけでなく、例えば、初優勝をした時の球団代表の重松良典は、ジョー・ルーツを招聘し、実務者として辣腕を振るった。球団とチームを支え、赤ヘル旋風の仕掛け人として高く評価される。カープ退団後は、その実績と重松自身がサッカー選手だったこともあり、Jリーグのベルマーレ平塚の社長も務めている。

近年では、球団本部長として活躍し、黒田博樹や新井貴弘を球団に呼び戻した鈴木清明氏も有名である。このような人材は皆、マツダという大企業で一度ビジネスを学び、カープへ帰ってきている。他球団では、親会社からの出向で一定期間がすぎれば帰る、もしくは定年後に来るケースが多く、そのキャリアは親会社へ向いていていた。それでは球団経営には実が入らない。松田耕平は父が創業したマツダから退いてカープ球団の経営に専念し、球団をより良くするための人材育成に力を入れた。

Jリーグなどの下部クラブでは、地域の人たちが勢いで作って経営を継続的に安定できないケースが多々ある。これはカープのようにスポンサー企業と上手く連携し、一定期間、有望な人材はしっかりしている企業へ出向もしくは研修させ、ビジネスの力をつけることが必要ではないか。

プロスポーツクラブとして勝利を考えるなら、選手にお金を使う。しかし、カープは安直な高年俸選手の獲得へ行かず、球団とチームがどうすれば良い方向に向かうかを考え、資金を「選択と集中」させる。また、若い世代であっても能力があれば抜擢して、「自由と権限」を与える。この「選択と集中」、若い世代に「自由と権限」を与えることはマネジメントの中では重要なポイントである。資源がないだけでなく、どのようにすれば最適解が導けるかを考え、優先順位をつける。

地方都市のプロスポーツであまり上手くいっていないクラブを分析すると、まず勝利を最優先して選手の人件費に予算をつぎ込んでしまい、経営が立ち行かなくなるケースが多々ある。原因は何といっても「人材」である。特に運営トップの人選は重要だ。プロスポーツクラブの設立は情熱や勢いが大切だが、設立時の勢いだけで、マネジメントやスポーツビジネスを理解していない地域の有志や競技団体関係者がそのまま経営を行ってしまうケースがある。設立時は特に資源が乏しく、苦しい立場に置かれることが度々あり、運営を取り仕切る人を見極めなければならない。

■マネージャーの中のマネージャー石本秀一

広島カープの設立時、1人のマネージャーが球団とチームを支えた。初代監督の石本秀一である。石本の生涯に関して、2018年に西本恵著『日本野球をつくった男――石本秀一伝』(講談社)が出版され、話題となった。彼は監督(フィールドマネージャー)、ゼネラルマネージャー、ビジネスマネージャー、広報マネージャーと4役をこなした日本初の球団統括マネージャーではないかと考えている。

石本のマネジメントに関して、長年取材を重ねた西本恵氏にインタビュー調査を行った。▼1 西本氏は「1つ目に自分のできることは何でもやる。2つ目に周りにある資源は徹底的に有効活用する。そして3つ目に周りのデータや情報を理解した上で、組織でやれるべきことは全て行うというような特徴があるのではないか」と述べている。この3つはマネジメントの泰斗P・F・ドラッカーの理論やエッセンスと重なる部分が多い。

まず、「自分のできることは何でもやる」を分析する。これは発足初年度に色濃く出ている。広島

▼1―― このインタビュー調査はライター西本恵氏に対して、2019年2月18日に広島市内で実施した。

は1945年の原爆投下後、経営資源が乏しく、大企業の支援も受けられなかった。市民球団と聞こえは良いが、実情は全くヒト・モノ・カネがなかった。特に重要な資金は、期待していた広島県や広島市などからは公金ということもあり、なかなか球団に入らなかった。そうするとチーム強化の前に、まずはチームを作らなければならない。普通の監督ならさじを投げそうな状況を、石本は自分の人脈を駆使して全国行脚する。しかも、石本は大阪タイガース（現阪神タイガース）監督として昭和12、13年と連覇し、広島商業高校監督としても4度全国制覇を成し遂げた大監督であった。

開幕まで3カ月を切っていたところで球団の加盟が認められたが、選手は1人も契約ができていなかった。この状況を例えるなら、社員が全くおらず、しかも立ち上げ資金もない中でビジネスを始めるベンチャー企業である。そこで石本は創意工夫をし、目的達成のためのプロセスを逆算した。

まず、自身の人脈をフル活用した。ただし、資金はない。目的は良い選手を獲るのではなく、チームを成り立たせること。選手としてのピークが過ぎたベテラン選手や怪我がある選手、そして引退選手などに声をかけて選手になってもらい、コストを下げる。この中には名前貸しだけで、広島に来なかった選手もいる。そうした中で、ようやく1950年の初シーズンを39人の選手で迎え、シーズンを戦った。

しかし、当時は1試合の勝敗でホームとビジター関係なく収入を分配したので、寄せ集めのチームは勝てずに選手の給与が遅配し、経営が立ち行かなくなった。そこで、石本や球団幹部はこの年の10月に2軍を解散する。非情な決断であったが、入場料収入もスポンサー収入もない中で、球団とチーム存続のために何でも行った。ドラッカーは、まずタイムマネジメントが重要であると言っている。時間の使い方を①記録する、②分析をする、③まとめる。[2] 石本は監督になる前、毎日新聞などで記者としても働いており、それらは得意であった。時間も資源も限られて目的を達成することは非常に難しい中で、球団を組織として稼働させることは並大抵ではなかったと推測する。

次に「周りにある資源は徹底的に有効活用する」。これは球団最大の岐路に立たされた発足2年目（1951年）に起こった大洋への吸収合併でよく分かる。石本もやるべきことを全てやったが、当時大洋漁業を親会社とした大洋ホエールズが合併の意向を示し、石本も止むなしとしていた。しかし、同年3月14日大洋への合併極秘事項が報道陣にもれた。これを知った市民が「カープを解散させるな」と各地から声をあげた。また、選手からも「何とかしてほしい」と請願が出た。

これを見た石本の案が、後援会組織の設立だった。他の経営陣を

表2－4　後援会組織について

①募金の金額は多少を問わない
②会費は年間200円、分納も認める
③会員および100円以上の援助者には優遇措置をとる
④受付先は広島商工会議所内のカープ事務所、もしくは中国新聞社とその支局
⑤支援金額は中国新聞に掲載する

注：当時、県庁の高卒職員の初任給が3009円。
1951年7月に発足式。支部数は163、会員数は1万3141人、約270万円の支援金が集まる。
出典：中国新聞と『広島カープ苦難を乗りこえた男たちの軌跡』を参考に筆者作成。

▼2―― P・F・ドラッカー著 上田惇生編訳『マネジメント・基本と原則』ダイヤモンド社 2001、10ページ、久常啓一『図解で身につく!ドラッカーの理論』中経出版 2010、44～50ページより参照・引用。

説得し、これまで市民やファンにひた隠しにしてきた厳しい状況を、逆に大胆に見せることで球団存続を訴えた。自身は記者経験を活かし、地元の中国新聞の1コーナーをもらい球団の価値や存続の意義を語った。その後、県内各地に後援会が設立された（表2-4）。後援会会員には株券を発行したが、ほとんど無価値であった。

また、石本は後援会や援助者の名前や寄付の金額を中国新聞に掲載することを強く要望し、自らも寄稿した。つまり、株主である市民やファンにビジョンや目標を視覚化する方法をここで用いた。人は視覚化して具体的に説明された方が、当然情報が伝わりやすい。さらに情報を透明化することによって、安心にもつながる。また潜在的に広島の人たちに「市民球団」のイメージが刷り込まれ、球団のブランディングにも大きく影響したのではないか。

最後に「周りのデータや情報を理解した上で、組織でやれるべきことは全て行う」。西本氏は「石本は情報社会ではない中で、風聞や、数値を正確にとらえていました。過去の文献に出てくる石本のコメントを見ると、球団やチームなどの数値を用いて発言をしています」と述べている。データで球団やチームを運営するのが現在では当たり前だが、この頃から石本は組織を形成していく上でデータや情報を重視した。データや情報を理解して、自分だけでなく組織として動き始める。コーチ、選手、球団職員は試合が終わると広島市の地図を渡され、それぞれ飲み屋やキャバレー、公民館などに赴き、講演や歌を歌うなどして寄付を集めた。その寄付も事細かにデータとして石本のノートに記録されて回り方や地域の特徴を考えて後援会組織を強化していく。また、オフの強化練習後に若手選手が

〝カープ〟と書かれた鉛筆を地元の商店街で売ったり、出前で広島市内の小学校のグラウンドで紅白戦を行い、球団の営業マンとして選手をプロデュースしていく。まさに周りを巻き込みながら、チーム強化と球団の経営強化の勢いを加速させていった。1953年には球団と後援会の経営一本化。石本監督が総監督兼常務取締役に就任した。後援会組織の最盛期には、3万6000人もの会員がいた。

さらに後援会組織だけでなく、1951年には「たる募金」も始まっている。広島市警察から手渡された寄付がきっかけで、この募金は球団強化や選手獲得費などに使われた。平成に入ってからも2004年の球界再編問題や新球場問題がきっかけとなり、「平成のたる募金」として地元メディアが中心となり行われた。この募金では約1億3000万円近くが集まり、09年に開設された新球場建設費に充てられている。これらが今日までのカープという球団の礎を創った草創期の独自性であり、組織として人材育成に力を入れて、優秀な人材がカープから育つことの土台も形作ったことを考えれば、石本の功績は計り知れない。

■カープと同じく横のつながりを使ったJリーグクラブ

このように地域の特性を理解し、横のつながりを利用したファン戦略の成功は、地域密着を理念に掲げたJリーグに類似の事例がある。アルビレックス新潟は球団創設当初、スポンサーも少なく資金面は相当苦しかった。新潟はサッカー後進県でなかなか認知されず、観客数は平均4000人も集まらなかった。選手たちも駅前やスタジアム周辺でビラ配りなどしたが一向に成果が上がらなかった。

球団は様々な知恵を絞り、無料チケットを地域に配布する戦略を考えた。まずスタジアムを一杯にしようと考えた職員の考えから始まったものだ。無料チケットをただ配るのではなく、新潟の各町内会に配ったのである。これが成功してスタジアムには幅広い年齢層が来場し、平均4万人を超す観客を獲得した。その成功で選手補強などの資金調達を行うために、2005年から3割ほどチケットの額を高くしたが、地域の人たちは快く受け入れチームを応援し続けている。

注目したいのはあえて町内会に無料チケットを配った点だ。新潟は昔ながらの回覧板を渡し、近所の人と気軽に喋る横のつながりがある、いわゆる近隣住民の関係が色濃く残っていたのだ。アルビレックスはそれに目をつけ、町内会の会長に無料チケットを配布し、観客に来てもらった。

JAPANサッカーカレッジ学校長兼アルビレックス新潟シンガポール取締役の中村勉氏は「新潟は娯楽も少なく、田園都市です。ゆえに最初は根付くのは大変でしたが、カープと同じで横のつながりを使い、支部を立ち上げて、地元新聞社の力を借りながらファンを作っていきました。そのことで3世代に愛されるクラブとなりました。今はサポーター層の年齢が上がり、クラブもJ2ということで、一時期の観客動員数が落ちていますが、カープさんのような物凄く盛り上がっている地方都市クラブの運営やアイディアも参考にしていきたい」と述べている。[3]

同じくサッカー不毛の地と言われた松本山雅FCも地域密着型で成果を挙げている。私は2015年に元社長の大月弘士氏と福山市で行われたフォーラムで意見交換させてもらった。聞いたお話で印象的だったのが、若手経営者が一致団結をした地域密着型経営である。元々、松本山雅は喫茶店に集まる草サッカークラブだったが、若手経営者が集まる地元の青年会議所が地域活性化を含めてスポーツでまちを盛り上げたいと考え、04年にＮＰＯ法人化。特定の企業クラブではなく、まさに横のつながりでいくつもの地元企業と市民が連携し、クラブを支えてきた。17年度はＪ２クラブの中で営業収益が３番目に多い19億９１００万円で、観客動員数も18年はＪ２で異例の１万３２８３人を誇っている。

つまりカープの戦略は時代を経て、地方都市のクラブでも行われた。自分たちの土地の特徴を理解し、まず何をすべきなのかを考えることが、これからの球団経営でポイントになることは間違いない。これらの一連の流れをみると、逆境を力に変えている。近年の自然災害などでも、日本人の横のつながりは素晴らしく復興へ着実に歩んでいる。広島もそのような状況から這い上がり、球団消滅の危機を乗り切ったからこそ、今がある。そのためにはヒトの力が必要であり、継続する力＝あきらめないことが浮かぶ。このあきらめない根源は普段から球団が地域とどれだけ深く接するかによって変わってくる。球団創設当初は、この姿勢が非常に大切になる。

▼3―― このインタビュー調査は２０１９年６月12日に中村勉氏に電話で実施した。

Key Point

・限られた資源を「選択と集中」させる
・若い世代であっても、能力があれば抜擢をして、「自由と権限」を与える
・人材育成のための工夫を考える
・石本秀一のマネジメント「1つに自分のできることは何でもやる」。2つ目に「周りにある資源は徹底的に有効活用する」。そして3つ目に「周りを理解した上で、組織でやれるべきことは全て行う」
・地方都市の特性「横のつながり」を意識した戦略

3 60億円を売り上げる経営を変えたグッズ戦略

Q 収益が落ち込み、スタジアム新設や改修できない中でどのような工夫をして、収入増加策を考えるか？

■なぜ、グッズ戦略を行ったのか？

第1節と第2節を踏まえて広島東洋カープの2004年からの展開期を分析し、球団に多大なる影響を与えたグッズ戦略について述べたい。前述したように、放送権料収入と入場料収入が落ち込む中で、それ以外の収入源が必要になってくる。特に放映権料は球界再編問題頃まで30億円以上あったが、**図2-2**を見てわかるように、新球場移転前の08年には約半分の16・7億円になり、下がり続けた。◀4

表2－5　広島東洋カープ2004～2018年の売上高、入場者数、グッズ収入、利益

年度	売上高（億円）	入場者数（万人）	グッズ収入（億円）	当期利益（万円）
2004年	63	98.6	3	6,677
2005年	61.9	105	3.5	5,060
2006年	56.8	100	4.64	1,442
2007年	62.1	112	7.19	1,714
2008年	71	139	9.87	22,082
2009年	117	187	20	40,101
2010年	98.4	160	14	29,602
2011年	96.5	158	14	20,313
2012年	103	158	16.5	25,221
2013年	106	156	19.5	26,046
2014年	128	190	25	57,419
2015年	148	211	35.7	76,135
2016年	182	215	53	144,619
2017年	188	217	54.2	129,705
2018年	189	223	48.6	93,020

出典：報道資料や広島企業年鑑などから筆者作成。

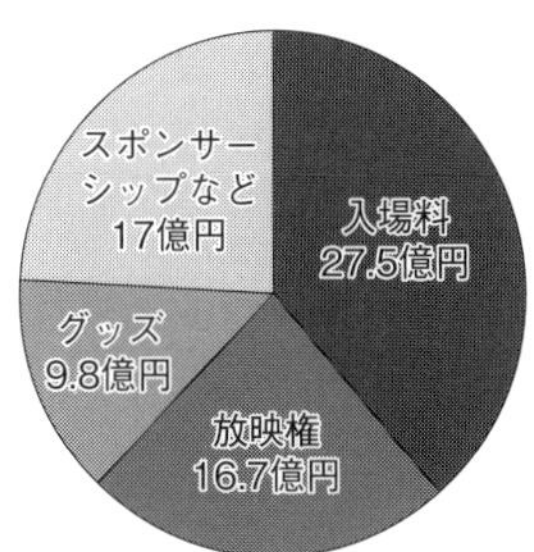

図2－2　2008年度の広島東洋カープ売上の内訳

出典：報道資料や広島企業年鑑などから筆者作成。

▼4――　プロ野球の場合、売り上げなどを公開していないがカープは決算資料を地元メディアや広島企業年鑑などで公表している。このカープの売上など各球団について伊藤歩氏が『ドケチな広島、クレバーな日ハム、どこまでも特殊な巨人』（星海社）などで分析しているので、参考にしてほしい。

また、旧広島市民球場の老朽化による新球場建設問題が重なっていた。

表2-5からもわかるように、2004年の球界再編問題から09年の新球場誕生までで、グッズ収入が17億円増加している。球団が意図してグッズ戦略に力を入れていることがよくわかり、展開期と位置づけた最大の要因でもある。17年になると54・2億円まで売上を伸ばし、売り上げの約30％以上を占める貴重な収入源となった。

第1章でも述べたが、プロ野球草創期の球団グッズは、球場に来てもらうためのチケット販売促進ツールであった。ファンはそのようなツールを使って皆が一緒の応援行動をするのではなく、個人で応援をしていた。球団にとっては貴重な収入源という考えはなく、あってもなくてもいい存在であった。それまでは野球帽があったが、市販されるものはほとんど読売ジャイアンツのもので、他球団のものは市販されていなかった（パリーグなどは1970年代後半から市販された）。

しかし、この年「赤ヘル旋風」で全国的に知名度が広がり、赤い野球帽をかぶる人が増えた。トランペットを持ち込み、コンバットマーチに合わせて応援するスタイルも確立し、メガホンもこの年のヒット商品になる。ここから応援グッズが一般的になり、各球団で制作されるようになる。しかし、放映権料中心のシステムでは、グッズ戦略は重要視されなかった。ゆえに球場で売られていたグッズもメガホン、Tシャツ、タオルなどが主でラインナップは少なかった。これはある意味で、ファンの需要を無視していたことになる。

ファンはグッズを身につけることで応援が楽しみになり、好きなチームに帰属意識を持つ。また球場という非日常空間の中で、普段は身につけないユニフォームやメガホンを持つことが楽しみになる。これはまさに興行ではなく、エンターテイメントの世界である。

これらをふまえて、グッズがファンに及ぼす効果を3つあげる。まずは根本的な効果として、チームへの帰属意識を高める。球場でユニフォームやキャップを身に着けたり、メガホンを振って一生懸命応援したりすることで、自分はチームの一員だと感じる。ファンはより帰属意識を高め、チームへの愛着をグッズで表現しようとする。次に非日常空間での喜びの増加である。これは帰属性と重なるところもあるが、普段は身につけないものを球場に行くことで身につけられる。日常では味わえない雰囲気を高めることで、ファンはそれが快感となる。最後に日常空間での喜びの増加。2つ目の非日常空間での喜びとは逆に、普段グッズを身につけることでファッションとしての楽しみが増える。日常空間までチームが入り込んでいき、試合がない日でも喜びが増加するのである。

この3つの効果は、球団とファンの絆を強めるツールとして成立するのではないか。球団は収入が増加し、ファンは楽しみが増える。需要と供給のバランスが取れ、WIN-WINの関係が成立する。さらに、そのような3つの効果を出すためには、しっかりと戦略として進めていかなければならない。アメリカのMLBではこのことに早く気付き、MLB機構がライセンス商品を管理してマーチャンダイジングを機能させ、年に約2500億円の収入を得て、各球団に分配している。

■球界の常識を壊したカープのグッズ戦略

同様の動きをカープが見せ始めたのが、2005年からのグッズ戦略である。前述したように、グッズ販売を球団の主な収入源とするのはこれまでの常識になかった。しかしプロ野球はアメリカ4大スポーツリーグやJリーグなどのリーグビジネスではなく、各チームが稼ぐチームビジネスであることが影響した。もう1つがこれまでの巨人中心の放映権料と親会社のスポンサー収入中心のビジネスが崩壊したこと。この2つの大きな影響があり、地方都市で、しかも独立採算型の広島東洋カープはこの戦略を推進する。ただし、いきなりではなく、地域での存在価値を再度高めるために動き始める。まず04年に球団は地域担当部を設置し、市民やファンなどの意見を聞き入れる体制を作った。具体的な活動内容としては、地域活動や町内会での祭りなどへ球団ロゴを無償で貸し出すことや選手やマスコットキャラクターの派遣、野球教室の開催、社会貢献活動への協力などを行った。

このことはファンや市民にとって球団は遠い存在というイメージを少しずつ変えていく。その中で、グッズ戦略を始めるきっかけとなった商品がエコバックである。発案した広島市立広島商業高校の自主研究グループ「NEWS」は2005年からエコバックを使ってゴミを減らし、新球場建設費をねん出しようと様々なイベントで呼びかけてきた。そのアイディアをヒントに06年球団がエコバックを商品化した。この商品開発はこれまで閉鎖的だったカープ球団のイメージを変えた。

流れに大きく影響したのが松田元オーナーの積極的な姿勢である。2006年5月7日、中日戦で当時の監督であったマーティ・ブラウンがベースを投げて抗議し、退場になった。この映像は全国のメディアで流れ、話題になった。それに目をつけたオーナーは10日後の練習に監督、コーチ、選手全員にベースを投げているデザインが入ったＴシャツを配布した。この様子もメディアで流れ、問い合わせが殺到した。このＴシャツは非売品だったが、ここに戦略が見てとれる。カープのグッズ戦略は単一商品の大量生産ではなく、多種目多世代型の少数精鋭戦略である。あまり在庫をおかず、次々と新しい商品を生みだす。次のグッズがほしくなるように、その時々に対応して商品化していくことが大切なのである。それはグッズの点数の推移を見れば、一目瞭然である。点数を増やし始めた05年の約１７０点から、マツダスタジアム開場の09年の約５００点と2倍以上となり、現在シーズン前には約８００点が並び、シーズン終了後には約１０００点以上に及ぶ。主力商品となるユニフォーム、タオル、帽子なども毎年、全部リニューアルしている。

オーナーが発案したブラックユーモアを含めたその時々に合わせた多種多様なグッズがグッズショップに並び、百貨店や駅・空港の売店、高速道路のパーキングエリアにも専用コーナーが設置されるようになった。それに合わせてグッズ専用のＷＥＢサイトも２００９年に開設された。

この展開にはもう1つ、キーポイントがある。それは自社でリスクを負うグッズ展開と、他社に球団ロゴやキャラクターを使わせてライセンス使用料をもらうグッズ展開を分けていることである。他球団は在庫を抱えない後者を主として、広告代理店や制作会社、グッズを作りたい企業へ丸投げしてしまうことが多いが、カープは在庫リスクを取るオリジナルの直接販売にこだわっている。[5]

■グッズ戦略と地元企業

カープグッズのポイントとして、手作りなどのこだわりの商品、地元と連携したコラボレーション商品、既成概念にとらわれないくすっと笑える商品、という3点が挙げられる。地方都市の特色を出し、地域のナンバーワン、オンリーワン企業と連携していく。この姿勢が5年間で17億円もの売上増加に導いたと考える。

もう1つ特長的なのが、地元との連携商品である。現在カープグッズは大人気で、地元だけでなく日本を代表するような大手アパレルブランドなどとも連携している。またグッズ展開だけでなく、販売促進を行うために自社商品のロゴやイベントにカープのものを使用している。

ただ、カープは地元企業を大切にしている。特にヒットしたと言われているのが、広島県福山市に本社を置く丸天産業との商品である。2005年以降、丸天産業はシールやラベル印刷を主事業として、若い女性の間でヒットしたマスキングテープも販売していた。そして、たまたま出展していたビジネスフェアに松田元オーナーが来場してその目にとまり、商品化まで約2カ月でカープの選手の顔が入ったマスキングテープができた。

これもとても人気商品になり、1億円の売上となった。これ以外にも**表2-6**にある商品を展開しており、これらは販売元がカープとライセンス契約を結んでいる。自社発売のオリジナル商品が多いカープであるが、このようなライセンス商品は広島県にカープのロゴやキャラクターが溢れる効果もある。ライセンスを提案する企業は約500社あり、球団内の独自の判断基準で契約を結んだ201

表2-6　広島県内の企業が連携したカープグッズ

マスキングテープ（福山市　丸天産業）
カープふりかけ（広島市　田中食品）
ジーンズ2008（府中市　ジーンズ企画工房）
レトロショルダー（尾道市　尾道帆布）
カープ電車チョロQ（広島市　広島電鉄）
赤軍手（府中市　マルカツ）
特別本醸造酒カープびいき（廿日市市　中国醸造）
カープお好み焼き（広島市　オタフクソース）
熊野筆カープ化粧用ブラシ（熊野町　久華産業）

出典：2006～2019年広島東洋カープグッズカタログから抜粋。

8年度はライセンス料だけで約4億円で肖像権も含めると約8億円にもなる。この数字は12球団トップクラスである。それによって、「カープのまち」だと居住者は思うことはもちろんだが、外部の人たちにとっての効果も大きい。

まちづくりについては第5章で詳しく述べるが、商品戦略や展開だけでなく、実は「カープのまち」だと思わせる社会的効果が非常に高かったのではないかと考えられる。やはりビジネスを行う上で、リスクは取らなければならない。リスクをとった大胆なグッズ戦略は他のクラブにないことで、放映権料やスポンサー収入が限られる中で、それ以外の収入源を得る良い事例になると考える。

▼5――　福山大学「スポーツマネジメント論」ではサンフレッチェ広島を始めとした広島のプロスポーツクラブの社員にスポーツマネジメントについて講演いただくのだが、その中で広島東洋カープのオーナー代行松田一宏氏が「予想外に売れたのが、インクが全部赤の3色ボールペン。0・5、0・7、1・0と太さを変えて遊び心を持って作った。はじめは1000本くらいだったが、予想外に売れて最終的に6万本くらい売れました」と仰っていた。

Key Point
・グッズ戦略は収入増加の鍵となる
・グッズ販売の3つの効果として、「チームへの帰属意識を高める効果」、「非日常空間での喜びの増加」、「日常空間での喜びの増加」がある
・グッズ戦略は単一商品の大量生産、大量消費ではなく、多種目多世代型の少数精鋭戦略へ
・地方都市の特色を出し、地域のナンバーワン、オンリーワン企業と連携していくことが大切になる

4 日本のプロスポーツ界で初めて収益を産むスタジアム戦略

Q

地方都市にスタジアムをどのように新設しなければならないか？
また、収益を産むためにどのように運営をすればいいのか？

■旧広島市民球場跡地と広島駅周辺地域の関係

カープは一見リスクのあるグッズ戦略を大胆に行い、他のクラブにない収入源を得た。このグッズ戦略と入場料権収入を拡大し、日本で初めてスタジアムビジネスでの成功を収めたマツダスタジアムについて見ていきたい。

改めて、スタジアムが建設された経緯について述べる。新設の直接要因は、2004年の球界再編

問題と旧広島市民球場の老朽化問題である。当時、新球場は旧広島市民球場の建替え案が市民やファンの中で根強く支持されていた。しかし建替えは技術的制約が多く、実現には多くの困難が伴った。また広島市の厳しい財政状況などから、現在地での建替えは極めて困難だとわかった。

そこで、広島駅近くの東広島貨物駅貨物ヤード移転跡地の再利用もかねた建設計画がもちあがった。私もこの時期、大学で研究の一環として様々な取材を行っていたが、広島市としては当時、広島駅周辺の再開発が進んでいなかったのが理由の1つとしてあった。

広島市は、旧広島市民球場跡地周辺の紙屋町や八丁堀周辺の市街地と広島駅周辺をそれぞれに拠点機能を持たせる、2大拠点構想をずっと考えていた。おそらくマツダスタジアムがここまでの影響力を持つ地域資源になると考えていなかったと思うが、構想のカンフル剤として秋葉忠利前市長が強力なリーダーシップを発揮し、経済界を巻き込んで、新球場の建設計画が急速に進んでいく。

■「メジャーリーグ風ではない」広島型の勝敗に左右されないスタジアム

建設は、2007年11月からはじまった。球団と広島市が連携を取り、応援団やファンからの意見も取り入れた。当初ドーム球場案もあったが、最終的には屋外球場となった。ドーム球場であれば天候を気にしなくて良いが、球団職員をアメリカ視察へ派遣し、ただの野球場ではなく、まちづくりにも寄与できる「ボールパーク構想」[6]を実現する屋外球場にしたいと考えていた。

マツダスタジアムの概要を簡単に述べる。固定イスは3万3350席で、立ち見も踏まえて最大3万

表2-7　マツダスタジアムと旧広島市民球場の比較

	マツダスタジアム	旧広島市民球場
グラウンド面積	12,710㎡	12,160㎡
左翼	101m	91.4m
中堅	122m	115.8m
右翼	100m	91.4m
外野フェンスの高さ	2.5〜3.6m	2.55m
総収容人数	33,000人	31,984人
敷地面積	50,4724.2㎡	23,848㎡
命名権	株式会社マツダ ５年総額11億円 （2019年４月から）	なし

出典：広島市HPの資料から筆者作成。

３０００人の収容力がある。**表2-7**を見るとわかるように、左右非対称をベースとした作りになっている。グラウンドのサイズは左翼１０１ｍ、中堅１２２ｍ、右翼１００ｍである。レフトスタンドの間から電車が走り、ＪＲ山陽本線や山陽新幹線の車窓から球場内が見える。

ここで勘違いしてほしくないのが、メジャーリーグのスタジアムを単純に模倣していないことだ。確かにメジャーだけでなくマイナーリーグも視察し参考にしているが、あくまで広島の街とカープにふさわしい設計にこだわって今の観客動員数や売り上げにつながっている。

この広島型のスタジアムを活かし、「スタジアムビジネスを可能にし、稼げること」と「スポーツでのまちづくりを推進すること」がマツダスタジアムの最大の特長である。球場設計に携わった追手門学院大学社会学部スポーツ文化コース准教授 上林功氏は[7]「マツダスタジアムは松田元オーナーの情熱、リーダーシップ、ビジネスマインドがあったことが、スタジアムを建設できた大きな要因となっていますし、何よりも球団自体が地域の全方位的なステークホルダーに信頼を得ていたことがあの大きなプロジェクトを進める上で大きかったと思います」と話し、その土台があった上で、上林氏は以下のように述べる。

大きなスタジアムを作る上で、ステークホルダーをまとめることが非常に難しいのですが、カープ球団は約70年の歴史で地域の信頼を得ており、まさに広島のスポーツの名士として球団自らがリードするかたちで行政やスポーツ競技団体関係者などと活発な議論ができました。だからこそ、皆さんに評価されるスタジアムができたのだと思います。また、スタジアム設計時に示されたことに、顧客層のターゲティングがあります。カープは子どもからお年寄りまで幅広い年代層の人たちに愛されています。また、松田オーナーからは競争相手は他のスポーツではなく、映画館や他のエンタメ施設であり、それらに負けないスタジアムを作ってほしいとの話もありました。ゆえに、今までのスタジアムやスポーツ施設とは別次元で考えなければなりませんでした。まさに市民のためのエンターテイメント施設です。だからこそ、遊びの要素、遊具の構造を取り入れたのが、このスタジアムの特徴になっています。私の師匠でもあり、スタジアムの設計統括でもある仙田満[8]はこれまでの公園や遊具の多くの設計をして得た知見から、子どもを惹きつける遊具の構造「遊環構造」という下記の7つの原則を定義し、建築設計に活かしています。

▼6—— アメリカでは、野球場を「スタジアム」ではなく、「ボールパーク」と呼ぶ。競技重視の意味合いが強いスタジアムに対し、ボールパークは野球を軸にエンターテイメント性に注力する施設のことを指す。

▼7—— このインタビュー調査は2019年3月4日に追手門学院大学社会学部スポーツ文化コース准教授上林功氏に大阪市内で実施した。

▼8—— 環境建築家。東京工業大学名誉教授。環境デザイン研究所会長。建築家としては児童向け公共建築を多く手がける。代表作としてミュージアムパーク茨城県自然博物館や国際教養大学図書館など。

1. 循環経路があること
2. 循環が安全で変化に富んでいること
3. シンボル性の高い空間、場があること
4. 循環に「めまい（ilinx）」を体験できる部分があること
5. 近道ができること
6. 循環に広場が取りついていること
7. 全体がポーラス（多孔質）な空間で構成されていること

入口を入ると幅広いコンコースは1周ぐるっと循環しており、開放的で安全性もあります。カープパフォーマンスはシンボリックな場所であり、応援団がトランペットや旗を振って応援できる象徴的な観客席です。砂かぶり席やスポーツバーなど普段は体験できないところからスタジアムを見ることができ、めまい（ilinx：自分の感覚・知覚を揺るがすことで、それ自体が遊びになる）を体験できます。また循環だけでなく、様々な道を歩き、滞留場所に留まることもできるし、応援することもできます。団体席や多目的広場などはまさにそうです。それらの体験を含めて、経路全体がスタジアム内外に開かれており、オープンな空間であることも魅力の1つです。新幹線や在来線からスタジアムの中を見ることができることや、無料で試合が覗ける「ただ見エリア」などはそれに当てはまります。本能に訴える遊具の構造を設計に取り入れ、広島目線で様々な人たちと議論をして創り上げるプロセスができたこと、これがまさに市民のためのスタジアムができた要因ではないでしょうか。

このように今までにないスタジアム作りを行い、常にファンや市民のことを考えて、変化させ、常に未完成のまま進化を続けることがこのスタジアムの魅力ではないか。**表2-8**を見ると、毎年、特殊席やオブジェの改修を行っている。スペインのサグラダファミリアと言っては大げさ過ぎるが、常に変化をして進化するからこそ、また行ってみたいと思える。球団はこれまでのチケット販売から分析し、そこで得られたデータを元に改修を行っている。

上林氏も「カープは旧市民球場を使用したチケッティングやマーケティングの長年のデータがあったことや、自主的に海外視察をおこなって最新のスタジアムの知見があったことなど、多くの蓄積を設計に活かすことができた」と述べている。**表2-8**を見ると、レフトや3塁側の改修が多いのがわかる。ビジターチームの席というイメージがあるので、売れ行きが良くない。そこを敏感に察知し、すぐに特殊席として改修を行い、人気の団体席にしている。マツダスタジアムと言えば、メジャーリーグ風、寝そべりシートや焼き肉ができるパーティー席が有名だが、地道なマーケティング活動をしていることが重要である。これがまさに「勝敗に左右されない」球団の運営やリピーターの創出にもつながっている。

このことにより、2009年開設の観客動員数187万3046人から優勝せずとも150万人を切ることがなかった。「カープ女子ブーム」が話題になった14年は190万4781人、15年には211万266人と年間200万人以上の動員を突破し、18年には平均観客動員数が収容定員数ほぼ一杯の3万1001人になっている。入場料収入も08年の27・5億円から、新球場開設の09年には48億

表2-8　マツダスタジアムの特殊席と主な改修の変遷

■2010年

「ファミリーテラス」、「パーティデッキ」

→団体席が人気を集めていることがわかり、２年目に早くもレフトスタンドの最上部を改修。コンコースに面し段差がないため、車椅子のまま利用可能となり、バリアフリーの充実を図っていることがわかる

「鯉桟敷」

→三塁側内野席の最上部には、掘りごたつ形式で畳に腰掛ける席を設ける

「車椅子席の増設」

→90席から121席へ増設。介助者も隣に座れるレイアウトにしている

「パーゴラ（アーケード状の骨組み）が新設」

→デーゲームの日差しをしのげる葉陰ができ、広島県竹原市特産の竹簾を取り付けている

「選手のオブジェ設置」

→天谷選手や赤松選手のスーパーキャッチの瞬間をオブジェとして披露

→現在はスタジアムから広島県内の別施設へ移動しているが、他の選手のオブジェも設置し、人気を博している

■2011年

「車椅子席の増設」

→「正面砂かぶり席」（１席）、「カープパフォーマンスシート」（３席）、「ビジターパフォーマンスシート」（４席）など合計で142席に増設された

「ふわふわカープ坊や」

→内野スタンド２階（１塁側）に、３～10歳の児童を対象とした遊具が設置

■2012年

「スタジアムカフェ」

→球場正面入り口右横のスペースに新設。2015年にリニューアルされ、カープに関する小物や雑貨屋が併設されている

「かーぱ君」

→多目的スペースに「かーぱ君」と銘打ったカバのオブジェが登場、さらにその屋上には「スラィリースライダー」と銘打った遊具を設置（現在は他の場所へ）

■2013年

「プレミアムテラス」

→レフトスタンドの２階部分を改装。最前部の手すり部分をガラス張りにし、クッション付きのシートを置く

「コージーテラス」

→ファミリーテラスを改装し、上下２段の木製ベンチシート等が用意された

「鯉桟敷」→３エリアから９エリアへ

「パーティデッキ」→１エリアから２エリアに増設

「パーティグリル」→バーベキューエリアが人気であったため、バックスクリーン横（レフト側）へ新設

⇒これらの工事費は１億円となり、レフト側の大幅な改修を行った

■2014年

「コカ・コーラテラスシート」

→手すりにネットが張られていたが、全面を強化ガラスへ変更

→マツダ車のシートサプライヤーであるデルタ工業製のクッション付きシートへ変更

→70席から440席へ増設。これらの改修も約1億円の改修費をかける

■2015年

「のぞきチューブ席」

→大幅にリニューアルされ、モニュメントとして設置された巨大バットは巨大スパイクに置き換えられた

→その他に、座席は旧広島市民球場で使用されていたプラスチック製のものからソファーに変更され、壁面には試合中継用のマルチモニターが5台設置

「ちょっとびっくりテラス」

→ウッドデッキ席を廃止し、レフト外野指定席の一部を加えたスペースをバーベキューエリアに変更

「外野砂かぶり席の座席」

→クッションを備える座面跳ね上げ式の製品へ

■2016年

「ざくろ女の家」

→球場入口近くにあるカープ屋内練習場デッキにお化け屋敷がオープン

■2017年

「レフトスタンドのパーティベランダ」

→食事ができるカウンターやソファーを増設し、天井に試合中継用のマルチモニターが10台設置され、リニューアルされた

※この年はラバーフェンスの全面張り替え、トイレの改修（約1億円をかけ、トイレ内にラジオの実況生中継を流す、女性用には温水洗浄機を完備）2軍練習場の改修も3億円かけて、行っている

■2018年

「アウトドアデッキ」

→2階スタンドの両端に、観戦中にくつろげるようソファやビーズクッションなどを設置

「オブジェデッキ」

→グラウンドを見ることは難しいが、試合観戦用のテレビモニターを設置
「サングラスをかけた12体の赤い動物のオブジェ」があり、野球を見なくても楽しめるファミリー席となっている。料理は「オランダ風パンケーキ」や「オランダ風魚介のフリット」など限定メニューを用意している

「ラグジュアリーフロア」

→中2階席三塁側フロアの内装と食事を一新。床にはデニム生地を用いた床用タイル「デニムフロア」を使用

出典：マツダスタジアムガイドブックなどを参考に筆者作成。

円、2010~13年は40億円前後で推移するが、14年には49・3億円に上がり、そこから上昇して17年には60・9億円となっている。

■付加価値の最大化をするスタジアム

この流れを見ると、「付加価値の最大化」というキーワードが上がってくる。スタジアムの価値を上げることで、球団が安定的な収入を得られ、年間指定席を完売させる→その他のチケットの価値が上がり、争奪戦になる→スタジアムが満員になり、広告価値が上がる→企業が広告看板などのスポンサーになる→ファンは非日常空間を味わいグッズや飲食をスタジアムで行う→球団は収益を得て、球場の改修資金に投資する。このような好循環が描ける。

実際に年間指定席は2015年から完売が続いており、スタジアムの広告看板も同時期から完売状態である。また、スタジアムビジネスで特徴的な飲食収入も、09年の開場時に20億円となった。これは前年度に比べて、13億円増加し、驚異的な伸びを見せている。マツダスタジアムの場合、三井物産傘下のエームサービスがカープから業務委託を受けて一括管理を行っているが、スタジアムと同じで常にメニューの入れ替えをして顧客に対して飽きさせない工夫をしている。

第1章でもふれたが、これを可能にしたのは指定管理者制度を導入したことが大きい。これは2003年9月の地方自治法改正により創設された制度で、地方公共団体に指定された指定管理者が公の施設の管理運営を代行する制度である。プロ野球の場合、福岡や横浜など自社で所有する以外は、自由にスタジアムビジネスを行えないと試合数に限りがあるスポーツビジネスは経営的に苦しくなる。ゆえに、北海道日本ハムファイターズは札幌ドームの賃貸契約をあきらめ、隣の北広島市に新たな球場を含めたボールパークタウンを計画している。

このようなスタジアムは球団の活性化だけでなく、まちづくりにも大きな影響を及ぼしている。第5章で詳細に述べるが、上林氏は「マツダスタジアムは都市化したスタジアム」と述べている。新設スタジアムは全国各地で多くあるが、マツダスタジアムは数少ない成功事例でもある。このような事例研究をしていくことも他の地域では必要であると考える。

Key Point

・「スタジアムビジネスが可能になり、稼ぐことができること」と「スポーツでのまちづくりを推進すること」が新設の鍵となる

・他のスタジアム事例も大切にしながら、地域の現状に合わせたオリジナルのスタジアムを目指す

・スタジアムの「付加価値の最大化」をさせるためには、

スタジアムの価値を上げることで、球団が安定的な収入を得ることができる年間指定席を完売させる↓その他のチケットの価値が上がり、争奪戦になる↓スタジアムが満員になり、広告価値が上がる↓企業が広告看板などのスポンサーになる↓ファンは非日常空間を味わいグッズや飲食をスタジアムで行う↓球団は収益を得て、球場の改修資金に投資をして魅力的なスタジアム作りを推進する

このような好循環を描く

5 カープ女子戦略はなかった？ ぶれない経営戦略とリスクマネジメント

Q 女性が多く来場するスタジアムにするためにはどのような戦略が必要か？

■カープ女子ブームを分析する

マツダスタジアムは球界だけでなく、世間的にもとても注目され、特に２０１４年から「カープ女子」というキーワードでさらに人気が加速した。当時、いくつかのマス・メディアからこのブームを分析してほしいと依頼があった。突然、今まで球場に来なかった10～20代前半の女性が現れ、選手をアイドルのように応援し、大量のグッズを消費する。14年度の流行語大賞にも選ばれ、他球団もこれをモデルに女性ファン獲得に乗り出した経緯がある。実際に広島市民球場運営協議会が観客調査を15年に行い、観客数全体の約８割がリピーターで、しかも女性客が半数を超える56・８％であるというデータが出ている。[9] ただ、この現象を改めて考えると、球団は意図的に10代～20代前半へのマーケティング活動を積極的に行ったのではなく、３世代が楽しめるボールパークづくりをぶれずに推進し、結果的にカープ女子ブームにもつながったのではないか。

私は3世代に向けてのボールパーク戦略の中で、一番重要なターゲット層は20代後半から30代後半までの子育て世代の女性であると考える。この層が子ども、夫、祖父母、友人など幅広い人たちをスタジアムへつなぐ。この最重要なターゲット層が過ごしやすい空間でないと消費は生まれない。ゆえにマツダスタジアムはユニバーサルデザインを意識して、**表2-8**にあるように、トイレや車いす席の改修はもちろん、ベビーカーの置き場や子どもたちを遊ばせる施設を充実させている。

だからこそ、「カープ女子」のブームは既存のマスメディアの力が大きく、SNSなどのソーシャルメディアの普及も大きかった。ただ、このブームから新たなファン層が顕在化されたのもカープ球団にとって大きかったのではないか。それが関東など広島県にゆかりのない女性ファン層である。私はその層がマツダスタジアムを聖地化し、第2のふるさととしているのではないのかと考える。

昔から、広島東洋カープは広島のアイデンティティとして存在してきた。広島の地を思い出し、県外へ出ても地域の一員として誇れるものであった。それが広島出身者だけでなく、他の地域、特に首都圏へ広がったのが特徴的である。カープの応援スタイルでは、日常で着用することのない真っ赤なユニフォームや帽子を身につける。球場では一体感のあるスクワット応援[10]をし、組織の一員だと感じることができる。この経験が、広島出身者以外にもカープを強く感じさせ、強烈なインパクトを残す。

▼9―― 広島市役所ＨＰ 広島市民球場運営協議会資料
http://www.city.hiroshima.lg.jp/www/contents/1284367151084/index.htmlより引用。
▼10―― カープファンの応援スタイル。カープの攻撃時、選手別応援歌をワンコーラス歌い、次のターンからは曲に合わせて交互に立ったり座ったりしながら選手名をコールする。

社会情勢も都市部ではなく、地方に目を向けられている。洗練されたものではなく、田舎臭いものを新鮮だと感じる。また、それを応援していく楽しみがあるのだろう。

そして、ファンは、「いつかあの素晴らしい球場で試合を見てみたい」と聖地化し、県外ファンも増えていったのではないか。ゆえに球団が意図したものではなく、ファン層が変化し、ファンコミュニティから生まれた現象ではないか。むしろ、若い女性層に早くから力を入れていたのはパ・リーグの球団であり、ソフトバンク、日本ハム、楽天はファンクラブの約半分は女性会員と言われている。

事例として、ソフトバンクは2006年から「女子高生デー」を開催し、14年から「タカガールデー」として当日の入場者は約7割が女性というイベントになっている。タカガール専用サイトもオープンさせ、女性層へのファンサービスを手厚くしている。

カープもグッズのラインナップを見ると、女性向けのグッズも増えたが、そこに特化しているわけではない。2014年5月に球団が新幹線代を負担し、関東のカープ女子148人をマツダスタジアムに招く「関東カープ女子野球観戦ツアー」を開催しているが、球団が主催したカープ女子関連のイベントはこれが目立つだけである。ビジョンや戦略にぶれは禁物である。ひと時のブームに流されず、あくまでメインターゲットは誰かを考え、経営方針をぶれさせないことはビジネスの基本である。もちろん、今回のようなブームでコアなファン層以外にもニーズがあることがわかる。そのニーズにしっかりと捉えて、応えることも大切である。

しかし、地方都市のプロスポーツクラブは資源が少ない。安定的にしっかりと経営していく上では主となる収益源とファン層を考え、それをきっちりとつかんだ上で、フリンジ層やライト層にアプローチしていく必要がある。

■リスクマネジメントの重要性をチケット問題から考える

現在、経営の新たな転換期に来ているかもしれない。人気チームになったゆえのリスクマネジメントを考えなければならなくなっている。リスクマネジメントとは端的に言うと「危機管理」のことである。昨今、スポーツ界は様々な団体や個人の問題が起こっている。

リスクには大きく分けて2つある。行動の結果、予測できないリスクと発生する可能性があるリスクである。後者は事前にリスクを予測し、最善の対策を行っておかなければリスクは大きくなる。前者は例えば東日本大震災や西日本豪雨で、予測できない中でもダメージを低限（減災）するプランも重要であると言われている。ゆえに、これらに対しての最善の対策を行う一連のプランを練り、統制を行っていくことがリスクマネジメントである。国内のプロスポーツクラブで3大都市圏以外ではチーム人気の過熱について考える機会がこれまでなく、研究としても国内の事例は少ない。カープはまさにその先進事例となっている。人気が過熱しすぎて、チケットが購入できない。特にチケットの販売方法と転売の問題はとても大きい。この2つの問題をまず整理したい。

カープのチケット販売方法についてまとめると、優先的に購入する方法は年間指定席もしくはファンクラブの通常会員に入会することである（ファンクラブはその他にレディース、シニア、ジュニアとある）。

ただ年間指定席はここ数年、売り切れている。ファンクラブも年会費3800円を払う通常会員しか設定しておらず、人数制限もかけており、中々入会できない。そこでファンは通常販売で購入しようとするが、ここでモラルと転売の問題が複雑に交差する。2017年は発売から2時間でビジターパフォーマンス席、内野自由席、車いす席以外の席が売り切れてしまった。購入者の中には500万円以上買う人もおり、問題となった。そこで、18年は1人5試合まで購入できる形にした。19年はより広くチケット購入してもらうために、抽選券の配布を2月25日にスタジアムで行った。結果5万人以上のファンが集まり、現場はパニックとなり、全国ニュースで報道された。

この出来事は様々な議論を呼んだ。「チケットを全てWEBで管理、販売した方が良い」、「ここ数年、儲かっているのだから、配布や販売場所を複数にした方が良い」などである。確かにその意見は正しい部分もあるが、経営側から考えると完売状態が続くのはここ数年だけだろう。チケットが売れない時代が多く、事実、枚数を限定せずに買えるのはファンからの要望があったからだ。ゆえにトライ&エラーを繰り返しながら、最適解を出すしかない。

メジャーリーグもこのような問題に頭を抱えた。インターネットの普及により、1990年代後半から人気の試合を一括購入するダフ屋が横行した。チケットの再販サイトが登場し、爆発的に普及する。5、6年様子を見守っていたが、ついに2007年にMLBはスタッブハブ社、NBAがチケットマスター社と契約を結び、リーグの公式再販サイトとしてスポーツ組織から顧客誘導を受けることにした。公に再販ビジネスを認めたのだ。私も勤務する大学でアメリカスポーツビジネス研修を行っており、提携する大学のコーディネーターも「チームの販売サイトではなく、再販サイトで購入する方が多い」と言っていた。リーグ売上の一定比率が分配され、顧客情報の共有はビジネスとして理にかなっている。無論、価格が上下するので、年間指定席の額面割れなどの問題はあるが、割り切って受け入れているところもアメリカらしい。

しかしカープには市民球団の歴史やイメージもある。ビジネスライクにWEBの一括管理や再販ビジネスを公に認めて、お金がある人だけが見に行ける構図にしてはいけない難しい側面もある。ただ、私としては会員数を限定しないファンクラブ会員のWEB管理は必要と考える。前述したCRMの考え方だが、会員管理が大変になりコストがかかるが、私はメリットの方が多いと考える。

チケットやファンクラブの蓄積したデータやグッズ販売サイトの購入データを一元管理すれば様々な球団戦略やマーケティング活動にも使える。今回のチケット問題も個人情報を管理すればチケット購入の制限を掛けられる。様々な事情で行けなくなった人がチケットを定価で再販し、購入履歴から1枚も購入できていない人へチケットを行き渡らせる。チケットを再販した人には、次の購入権利を与えるなどの対応策を取る。さらにインターネットを上手く利用できない高齢者層のファンに対しては、シニアのファンクラブを強化し、アナログだが、老人会や町内会組織などの地域のつながりを活用して年に1度は観戦できる制度を設立する。このように、改革を明確にすることによって、球団にとってもファンにとっても非常に良いと思うのだが、球団がどのように考えるか。

ただ、現在はSNSなどを活用した情報化社会である。地方都市の良いことも広まるが、悪いこともすぐに広まる。コンプライアンスと組織のガバナンスをしっかりと考えなければならない。地方都市のプロスポーツクラブがゆえにスピード感が遅くなり、躊躇していられるような甘い社会情勢ではない。カープはチームでも2019年のシーズンに緒方監督が指導のために選手を平手打ちした問題や、サビエル・バティスタのドーピング問題も起きている。大きな問題が起こる前にリスクマネジメントをしなければならないことは、球団も認知しているはずだ。少し時間がかかるかもしれないが、このような頭を抱える部分も地方都市の先進事例として対処していかなければならない。

■広島東洋カープは経営のイノベーター

客観的にカープのこれまでの動きをみると、プロスポーツクラブのイノベーターではないか。プロ野球のファン文化について書かれた永井良和、橋爪紳也著『南海ホークスがあったころ』(紀伊国屋書店)で、熱狂的なファンのスタイルやグッズ開発などを分析して「広島カープファンは、プロ野球の応援文化に関するかぎりイノベーターの称号を与えられるにふさわしい」と述べている。

表2-9を見てわかるように、人口規模=市場規模を単純に比較しても、広島は他の球団と比べて、宮城県に続いて下から2番目の数であり、圧倒的に少ない。その中で、12球団中4番目の観客動員数を誇っている。しかも経営的にも非常に優良である。カープの2017年度売上高は188億円あるが、18年の選手年俸は総額で約26億円と言われている。福岡ソフトバンクホークスの約63億円と比べるとコストパフォーマンスはとても良く、ファイナンシャルフェアプレーを体現している。

表２－９　2018年　プロ野球観客動員数とフランチャイズを置く都道府県の人口規模

セリーグ

チーム名	入場者数（人）	試合数	１試合平均（人）	人口規模（人）
広島	2,232,100	72	31,001	2,819,962（広島県）
阪神	2,898,976	71	40,831	5,483,450（兵庫県）
横浜DeNA	2,027,922	72	28,166	9,179,835（神奈川県）
読売	3,002,347	72	41,699	13,843,403（東京都）
中日	2,146,406	71	30,231	7,539,185（愛知県）
ヤクルト	1,927,822	71	27,152	13,843,403（東京都）

パリーグ

チーム名	入場者数（人）	試合数	１試合平均（人）	人口規模（人）
福岡ソフトバンク	2,566,554	71	36,149	5,111,494（福岡県）
埼玉西武	1,763,174	71	24,833	7,322,645（埼玉県）
東北楽天	1,726,004	72	23,972	2,313,215（宮城県）
オリックス	1,625,365	72	22,575	8,824,566（大阪府）
北海道日本ハム	1,968,916	71	27,731	5,285,430（北海道）
千葉ロッテ	1,665,133	72	23,127	6,268,585（千葉県）

出典：日本プロ野球機構と国勢調査を参考に筆者作成。

　これらの経営を見ると、大阪産業大学教授田中彰氏へのSPAIA「スポーツ×メディア」のインタビュー[11]でも取り上げたが、ハーバード大学教授のC・クリステンセン著『イノベーションのジレンマ』（翔泳社）によると、かつてフロッピーディスク業界では、規模の小さな事業会社から破壊的なイノベーションが起き、シェアが大きな業界トップ企業は現状の顧客を大切にするあまり、短期的な改善を中心とする持続的なイノベーションに取り組んだ。そのまま時は流れ、気が付けば新興企業が行った破壊的なイノベーションに旧トップ企業はついていけなくなってしまい、業界から退出せざるを得ないという悲劇になった。

これはまさに、1951年の合併問題や球界再編問題を機に消滅の危機に遭ったカープが常識にとらわれず破壊的なイノベーションを行い、逆に旧体制のままの球団は苦しくなった状況と重なる。広島東洋カープは親会社や大手企業のスポンサー収入がない中で、後援会制度を確立し、地方ならではの横のつながりを生かした戦略、さらにリスクのあるグッズ戦略を行い、その効果を高めるために3世代に親しまれるボールパークを建設し、日本初のスタジアムビジネスを行っている。

無論、短期的な問題改善は重要である。ただ、長期的な戦略的に考えて選択と集中を行い、ぶれない経営をしていくことが地方都市のプロスポーツクラブにとってより重要だと考える。

Key Point

・スタジアムのターゲットとビジョンを明確にして、ぶれずに戦略を推進する。事例：3世代が楽しめるボールパーク

・一番重要になるターゲット層は20代後半から30代後半までの子育て世代の女性

・リスクマネジメント＝「危機管理」はトライ＆エラーを繰り返しながら、最適解を出す

・コンプライアンスと組織のガバナンスをしっかりと考え、スピード感を持って対応をする

▼11――「SPAIA」でのインタビューの模様はこちらにアクセスしてご覧いただきたい。
【スポーツ×メディア】第2回「スポーツとメディアの課題と展望」

インタビュー

カープのビジネスモデルに学ぶ地方都市の可能性

作家　迫　勝則

『カープを蘇らせた男』の著者であり、松田元広島東洋カープオーナーの友人で、カープ関連の著書も多く、マーケティングが専門である迫勝則氏にカープの経営について分析していただいた。

―まず、カープの経営を一言で言うとどのような経営になるのでしょうか？

人が司る経営だと思います。欧米の科学的マネジメントではなく、人の感覚を大切にして動かしている経営ではないでしょうか？　松田元オーナーが非常に家族的な経営をされており、横のつながりを活かして強固な組織を作り、成功に導いてきました。データではなく、人が中心にいたと思います。

プロフィール
1946年生まれ。広島市出身。山口大学卒。元広島国際学院大学・現代社会学部長（教授）。中国放送「Eタウンスポーツ」にレギュラー出演。他にシンポジウム、講演など多数。主な著書に『カープを蘇らせた男』『前田の美学』『カープの美学』『神さま、そろそろカープに優勝を！』など。

—松田元オーナーは具体的にどんなマーケティングをして低迷期で苦しんでいた球団を引き上げたのでしょうか？

松田オーナーの直観的なマーケティングが成功したからだと思います。20世紀後半からデータが重視されるようになり、人間の勘のようなものは否定されてきました。私もマーケティングを専門としてきたので否定はしませんが、あまりにも副作用が大きかったように思えます。その1つがマニュアル化による弊害です。想定外の事態が起きたときに、それでは対応できません。また、世の中には調査してもわからないことや、調査しなくても分かることはたくさんあります。やはり、科学と直観のすみ分けが大切です。

戦略設定や経営判断については、社会の動きを肌で感じ取る直観的なマーケティングが有効だと思います。松田オーナーは「感覚が大切。死に金の臭いがすると、絶対にお金は出さない。ただ、人が成長するのであれば、死に金になったとしても、お金を使うときがある。それが将来、生き金になる」と語っています。ただ、このマーケティング方法は相対論であり、絶対的なものではありません。

松田オーナーはこれだと思った感覚をぶれずに貫き通す自分流のビジネスモデルを確立されています。松田オーナーを参考にして他の都市のスポーツクラブの経営者も、自分流の感覚を得て、経営判断や戦略設定をするべきだと思います。実際に先日、オーナーについての書籍（『カープを蘇らせた男』）を出しましたが、新潟県長岡市の青年会議所を始めとした様々な自治体や企業から講演依頼がありました。長岡市はアオーレ長岡を建設し、B1のアルビレックス新潟がアオーレ長岡を本拠地としていますが、どのように盛り上げていくか試行錯誤されています。他都市もカープモデルを参考にして、地域活性化につなげてほしいと感じています。

―この松田元オーナーのビジネス感覚やスキルはどこで磨かれたのでしょうか？

これはビジネスの基本ですが、人を採用して、育てることはどれだけ大切で難しいことかをカープは示してくれています。個性を活かしながら、組織として束ねることに長けているのが松田元オーナーですが、マツダで働いた経験が大きいのではないでしょうか。例えば、私はマツダ勤務時代に海外企画室にいたことがあるのですが、当時、海外営業本部へ入ってきた1年目の社員は仕事なしで海外へ赴任させる制度がありました。周りには何をやっているんだと言われましたが、海外でビジネスをするために海外の特性や文化を知ることは重要です。実際に現地に住み、その土地の流行や関心の高いものを自分で体験することで自分のアンテナを高くできます。そのような経験を積んだメンバーは成果を上げていました。そのようにマツダでは人を育てることに非常に費用と時間を使っています。カープもマツダスタジアムをつくる何年も前からアメリカを中心に球団職員を派遣して、様々な球場やエンターテイメント産業を視察していました。人が成長するための投資は惜しまないことをオーナーは大切にされているのではないでしょうか。

―選手ももちろんですが、経営陣も育成されたということでしょうか？

例えば、カープの黄金期を作った球団代表の重松良典さんもマツダで総務課長をされていました。重松さんはカープへ移籍し、ジョー・ルーツを監督に起用する大英断をします。更にはイメージカラーを赤に変更させ、球団を改革していきます。松田耕平オーナーもこのような思い切った人事を展開し、黄金期を作っていく人を育てています。私が新入社員で研修を受けていた時にカープを退団した選手が2人いました。そのお2人は球団のマネージャーになる準備をするためにマツダの教育を受けられていました。このように本当の意味での育成球団を大きな規模の企業と連携し、作られていましたね。他球団は親会社の子会社になり、親会社の宣伝広告媒体として扱われます。カープは広島のために作られました。そのスタンスを貫いたのが、地域に愛される現在の姿につながっていると思います。松田元オーナーも頻りに言われますよね。カープは広島のもので、営利目的で運営しているのではない。その言葉につきると思います。

―このカープのビジネスモデルは他の地方都市にも取り入れられるところはあるのでしょうか?

非常に多くあると思います。実際に私はV・ファーレン長崎の高田明社長ともお会いし、多くの質問を受けました。長崎は現在、新スタジアム構想を進めていますが、やはりマツダスタジアムを参考にしようとされています。私の持論ですが、地方都市は非常に可能性を持っていると思います。政治と経済はどうしても都市圏中心になってしまいますが、スポーツと文化は地方都市に成功する可能性が大きくあります。この2つは中央に集まる必要もないし、都市圏にはない特色が出せます。都市は外からの人材や資源が集まり過ぎて供給過多になっています。

一方、地方都市の人たちはヒト・モノ・カネなど様々な面で資源が枯渇し、特にエンターテイメントの分野は少ないと感じます。それを逆にチャンスだと思わなければなりません。昔は都市圏にそれを求めましたが、地域で楽しみを創っていくことが本当の意味での地方創生だと思います。また、そのような創造的なことをしないと地方都市に住み続けようと思いません。その中で、スポーツ、特にプロスポーツはチームに絶対に地域名が入り、スタジアムやアリーナを創って経済効果や交流人口を増やし、楽しみ=非日常空間が創れます。地方都市は枯渇感があるからこそ、供給過多の都市圏よりも成長の幅が大きいと思います。その重要な分野がスポーツだと思いますし、それを体現したのが、カープだと思います。

―ただ、ここに来てチケット問題などが出てきています。それについてはどのように感じられていますか？

球団が考えなければならない最重要課題ではないでしょうか。例えば、開幕前に5万人以上が並んだことがありました。あの場で混乱が起こったことにも問題はあるのですが、一番問題なのはあの場でもらえたのはチケットではなく、抽選券だったことです。混乱した上にチケットが入手できないとなればファンの不満は溜まります。やはり、ＩＴを活用した新たなサービスも取り入れていかなければならないと思います。

現在、年間約２００万枚のチケットが売れるわけです。転売問題も含めて、この２００万枚を「見える化」して、例えばＷＥＢで販売履歴を管理し、あるファンが仕事で行けなくなったチケットが余ったとするとＨＰ上で返金し、年間を通じて購入できていない他のファンが改めて買えるなど販売方法をわかりやすく明確にする必要があると思います。この10年間の成功は球団の経営努力の賜物だと思います。ただ、これからの10年を考えた時に変えなければならないものもあると思います。感覚が鋭いオーナーはすでに気づいていると思いますが、カープが発展していくためにも、ＩＴやデータを活用したファンへのチケット購入の見える化は必要だと感じています。

（※このインタビューは２０１９年３月24日に実施した。）

第３章

サンフレッチェ広島のマネジメント

1 減資から初優勝へつながる逆境を乗り越えた経営の歴史

Q メインスポンサーの経営が悪化する中で、どう経営すればいいのか？

■サンフレッチェ広島はどう経営してきたのか？

ここではサンフレッチェ広島の経営史を振り返りたい。1992～95年のJリーグバブル草創期、1996～98年の低迷期、1999～2006年の形成期、2007～11年の転換期、2012～17年の発展期、2018年～現在の展開期と区分けしそれぞれ検証していく。

■Jリーグバブル草創期

サンフレッチェ広島を語るのに「東洋工業サッカー部」の歴史は外せない。前身の東洋工業蹴球部は1938年に創部された。野球と同じくサッカーも広島では盛んで、戦後から80年代まで高校サッカーや実業団で多くの名選手を輩出し、静岡県と埼玉県に並ぶサッカー御三家として、歴史・文化とともに醸成されていた。その象徴が東洋工業サッカー部であった。全国屈指の強豪で天皇杯や日本リーグで好成績を残し、日本代表にも多く選手を輩出している。

表３−１　サンフレッチェ広島主な経営年表

1991年	Jリーグ加盟。前身はマツダサッカークラブ
1992年	59団体の出資により設立。筆頭株主はマツダとなり、初代社長にはマツダ社長を退任した古田徳昌が就任
1993年	Jリーグ開幕
1994年	広島ビックアーチ（現エディオンスタジアム）がホームスタジアムとして主に使用されるようになる。サントリーシリーズで初優勝
1995年	同年６月の取締役会で元マツダ副社長の信藤整の社長就任が決定した
1996年	Jリーグバブルの崩壊によって経営的な陰りを見せ始める
1997年	経営が悪化し、選手の大リストラを行う
1998年	取締役会で家電量販店のデオデオを経営する久保允誉の社長就任が決定
1999年	広島県安芸高田市吉田町へ練習施設が完成。経営再建に向けて、初の増資
2002年	・クラブ初のJ２降格 ・長年クラブ運営にかかわってきた今西和男がJ２降格の責任を取って辞任 ・元Jヴィレッジ副社長の高田豊治がゼネラルマネージャーに就任した
2003年	J１復帰を１年で決める
2006年	新監督としてミハイロ・ペトロヴィッチが就任
2007年	・２度目のJ２降格をしたが、ペトロヴィッチは留任 ・J２降格を受け組織を再編、社長の久保允誉が責任を取って辞任し代表権のない会長へ ・元デオデオ取締役の本谷祐一が社長就任。この年からビックアーチでリーグとカップ戦をほぼ全試合実施する ・経営危機で２度目の増資へ
2008年	ゼロックススーパーカップ優勝。J１復帰を１年で決める
2009年	・J２からの昇格チームとしては当時最高の順位記録である４位となる ・繰り上がりで翌年のAFCチャンピオンズリーグ（ACL）への出場権を獲得
2012年	・資本金約21億円を99%減資し累積赤字解消にあて、あわせて増資を実施 ・ペトロヴィッチとは契約を延長せずに森保一を監督として起用 ・J１初優勝 ・本谷祐一が減資の責任を取り、辞任
2013年	・常務取締役の小谷野薫が社長へ就任 ・命名権を導入。ホームスタジアムがエディオンスタジアムへ ・ゼロックススーパーカップ２度目の優勝J１を連覇
2014年	ゼロックススーパーカップ３度目の優勝
2015年	・小谷野薫が広島市長選挙出馬の為、辞任。後任は前強化部長の織田秀和が就任 ・J１３度目の優勝 ・クラブワールドカップ2015を戦い、日本クラブ史上３チーム目の３位入賞
2016年	ゼロックススーパーカップ４度目の優勝
2017年	残留争いになり、森保一が監督を退任
2018年	ナイキジャパン出身の山本拓也が社長に就任

※新スタジアム関しての事柄は第５節で詳細に述べる。

出典：「中国新聞サンフレッチェ情熱史」などから筆者作成。

そこで1981年にマツダサッカークラブに名称を変更し、82年にはサンフレッチェの基礎を築く今西和男が総監督に、後に日本代表監督にもなるハンス・オフトが監督に就任し、改革を行う。ここで出てくるキーワードが「育成」である。関東・関西の資金力のある実業団に選手を獲得され、チームは低迷。そこで、若手選手をサテライトチームとして中国リーグへ参加させ、実践を積ませるシステムを構築する。この土台をふまえて、80年代後半から設立に向かっていたプロリーグへ参戦するのは当たり前に思えたが、カープと同じく順風満帆ではなかった。バブルが崩壊し、マツダが経営不振になる。筆頭株主でもあったアメリカのフォードが本格的に経営参画し、健全経営のためにJリーグ参加への出資はできないとした。ここで動いたのが、またもや広島県民や市民である。広島県サッカー協会を中心に参加要望運動が起きる。通商産業省出身（現経済産業省）で初の外部からマツダ社長になっていた古田徳昌氏が広島県知事竹下虎之助氏と会談を行い、プロリーグ参加を表明する。

こうして、1992年4月に広島県・広島市の行政団体と広島経済界の御三家と呼ばれる、マツダ・中国電力・広島銀行に加えて、ダイイチ（後のデオデオで現エディオン）など59団体の出資により株式会社サンフレッチェ広島が設立された。この設立の経緯も広島東洋カープと似ている。1団体で支え切れなくなったときに、皆で支える。実際にマツダは非常に苦しかったが、市民球団として、民間企業だけでなく行政機関も支え合う。この広島のプロスポーツ文化と歴史が土壌にあり、サンフレッチェが誕生した。

このような苦しい船出であったが、設立当初の成績と観客動員数はカープと真逆である。Jリーグ全体の人気もあり、**表3-2**を見て分かるように、1年目はいきなり34・2万人の動員を誇り、2年目はリーグ前期優勝し、観客動員数は42万人を達成した（この当時、リーグ戦は前後期制だった）。代表クラスの選手が何人も育ち、優良な外国人選手も獲得した。まさに順風満帆の船出であり、当時、低迷していたプロ野球と比べ、Jリーグの時代は長く続くかと思われた。

表3－2　1993～2018年サンフレッチェ広島　総観客動員数・リーグ年間順位

年度	観客動員数（人）	年間順位
1993	342,900	5位
1994	420,700	2位
1995	303,903	10位
1996	176,538	14位
1997	117,604	12位
1998	152,792	10位
1999	151,603	8位
2000	139,615	11位
2001	158,120	9位
2002	181,280	15位
2003	198,004	2位（J2）
2004	239,457	12位
2005	226,526	7位
2006	199,117	10位
2007	216,945	16位
2008	227,631	1位（J2）
2009	293,968	4位
2010	288,976	7位
2011	236,945	7位
2012	325,028	1位
2013	302,674	1位
2014	297,688	8位
2015	332,223	1位
2016	293,965	6位
2017	267,328	15位
2018	267,431	2位

注：観客動員数はリーグ・カップ戦などを合わせた総観客動員数。
出典：Jリーグ収支報告書やサンフレッチェ広島資料などから作成。

■低迷期

しかし短期間でこのバブルは崩壊する。１９９５年に30・３万人あった観客動員数が96年に17・６万人と激減したのである。これは94年の優勝の影響が大きい。95年に総年俸が上がり人件費が高騰した。しかも、95年はリーグの順位が10位まで下がった。ただJリーグバブルもあり、30万人はキープした。ただ人気選手であった森山佳郎や片野坂知宏、イワン・ハシェックを放出し、サポーターの怒りを買う。負の循環は止まらず14位まで下がり、スタジアムにサポーターが足を運ばなくなり、97年は歴史上一番低い11・7万人とまさにどん底の時期となる。そして、さらなる主力選手の放出に踏み切る。高木琢也、森保一、柳本啓成や路木龍次など97年と98年でほとんどの選手が移籍を決断し、クラブから去っていった。94年の前期優勝という栄光があったものの、設立から６年で経営の危機を迎える。

■形成期

ただ、ここで終わらないのが広島のプロスポーツ文化である。経営危機は地元メディアで大きく取り上げられ、出資者である広島県や市を含めた広島全体での話し合いになる。サッカー御三家ということもあってステークホルダーが複雑であり、話し合いは混とんとするが、１人の若き経営者が注目される。当時48歳の若さで、家電量販店のデオデオ（現エディオン）を経営する久保允誉氏だった。元々デオデオは出資者で、広島御三家と言われるマツダ、広島銀行、中国電力ほどの規模はなかったが、当時社名を変えて急成長している企業であった。企業としても県内のスポーツ振興を推進しており、１９８７年に創業者である父の道正氏と財団法人久保スポーツ振興基金を設立している。

　ただ当時サンフレッチェは累積赤字が８億円もあり、しかも観客動員数は最悪であった。当時、Ｊリーグでも１９９８年には横浜フリューゲルスが経営悪化により横浜マリノスと合併し、消滅。99年にはヴェルディ川崎のメインスポンサーだった読売新聞も撤退しており、Ｊリーグ全体が非常に危なくなっていた。まさに火中の栗を拾う形で、久保氏はクラブ経営に乗り出した。そういう意味ではまさに第２の創業期であり、サンフレッチェが新たなクラブ経営を形成していく時期であった。その中心となったのが、「育成」と「地域密着」である。これは競技力もあるが、経営面にとっても重要になった。育成型のクラブ経営については第２節で詳しく述べるが、99年に広島県安芸高田市に専用練習場である吉田サッカー公園が完成してから、広島県出身や近郊の若手選手を育てることと、他のクラブで伸び悩んだ選手を鍛え上げる育成やスカウティングをする独自のスタイルを確立し、観客動員数を伸ばしていく。

　また県民・市民も久保氏の新たな経営スタイルを見て、改めてクラブの存在意義を理解し、観客動員数も97年11・７万人だった数字が98年には15・２万人に伸びる。ただ、２００２年に初のＪ２へ降格し、長年クラブを支えてきた今西和男ＧＭの退任があった。しかし降格後も観客動員数は減らず、04年には23・９万人まで回復させる。この観客動員数の推移を見ると、Ｊリーグバブル期にはなかった、サポーターや市民と築いた信頼＝広島型クラブ経営の基盤が読みとることができる。

■転換期

２００7年に大きな転換期を迎える。２度目のＪ２降格である。前年にミハイロ・ペトロヴィッチを監督に迎えて魅力的なサッカーを展開し、サポーターにも非常に好評であった。しかし攻撃的なスタイルは少しずつパターンを読まれ、失点を繰り返し、Ｊ1ワーストの71失点と守備陣が崩壊した。また、クラブも財政問題などで補強などのサポートを行えなかった。そして、２度目のＪ２降格が決定する。しかし経営陣はペトロヴィッチ監督を解任しなかった。選手と信頼関係があり、何より魅力的なサッカーを繰り広げられていた。現にこの年、天皇杯決勝まで進出する。

ただ、誰も責任を取らないわけにもいかず、経営刷新の必要があった。久保氏もこの時、エディオンの社業との兼任は難しくなっていた。２００２年にデオデオは中部地方を中心に展開していた家電量販店エイデンとエディオングループの持ち株会社を設立し、05年には近畿地方を基盤とするミドリ電化を小会社化するなど日本有数の家電量販店チェーンを創り上げていた。そこで久保氏は1人の「立て直し屋」にサンフレッチェ広島を任せた。本谷祐一氏である。第3節で詳細に述べるが、本谷氏を社長として新任し、久保氏は代表権のない会長へ就任。両氏以外の常務の取締役は全て退任した。

この大きな経営再編から、サンフレッチェ広島の発展期につながる。２００8年は監督残留と経営陣刷新の動きを見てほぼ主力が残留し、圧倒的な成績でＪ1昇格を決める。

２００9年には観客動員数は29・3万人となり、ここから安定的に30万人前後の集客を望めるようになった（２０１1年は東日本大震災の影響があり、ホームゲームが2試合少ない）。

■発展期

大きく発展するのが２０１２年初優勝の年で、この年に大きな決断をしている。減資とそれにともなった増資である。13年からクラブの経営状況を把握し、健全経営を行うために導入されるクラブライセンス制度に対応するためであった。過去19年で20億円の累積赤字を出していた。そこで本谷氏は資本金約21億円から99％の減資を行い、累積赤字20億円の解消にあてた。減資を行うことは株主の財産が減ること、そして何より社会への信用力低下が大きい。ただ、将来を考えた時にクラブにとって必要だと判断した。経営で重要なことの1つが、「なにをやらないか」を決めることと言われる。無論、経営が順調であり資源が豊富であれば、このような苦しい決断をすることはない。ただ、地方都市のクラブは決断をしなければならない時が多くある。その上で、５年、10年先を考えた決断のタイミングは重要であり、この年はサンフレッチェにとって、まさに大きな決断の年になっている。

クラブの経営上、チームのベースと人気を担っていたペトロヴィッチ監督の契約延長を断念し、生え抜きである森保一氏を監督に就任させる。選手にクラブ状況を分かってもらい、年俸を抑えてリーグ戦に向かう。厳しいシーズンになると思われたが、森保氏は若いチームをまとめ上げ、ペトロヴィッチ氏が創り上げた攻撃に守備の構築を加え、この年クラブ史上初のリーグ優勝へ導く。広島の街は歓喜し、平和大通りでも優勝パレードが行われた。本谷氏はそれを見届けると、減資の責任を取り退任する。立て直しを行い、クラブを颯爽と去っていった。

この一連の動きをみると、昨今、報道で騒がれる企業不祥事などの根源は責任の所在である。しっかりと経営陣が責任をとることが、現在言われているコンプライアンスやガバナンスの問題解決につながってくるのではないかと考える。そして、本谷氏の後を継いだのが、クラブの常務取締役を務めていた小谷野薫氏である。第3節で述べるが、小谷野氏は日本や海外での経営コンサルタントの経験を活かしクラブを躍進させていく。

２０１３年は最終節で優勝が決まる劇的な勝ち方で、連覇を成し遂げる。14年には3度目のゼロックススーパーカップを制する。15年には小谷野氏が広島市長選に立候補し、後任はクラブを強豪へ推し進めた強化部長の織田秀和氏となった。この年には、後にドイツで活躍する浅野拓磨などが活躍し、3度目のリーグ優勝を飾る。クラブワールドカップでも予想を大きく覆す3位と健闘し、世界にサンフレッチェの名前が広まる。しかし、17年に攻撃陣が不調に陥り、下位に低迷した。ここでクラブは苦渋の決断をする。黄金期を作った最大の功労者である森保一氏と別れを告げたのである。森氏は辞任し、ヤン・ヨンソン氏が監督へ就任した。何とか最終節前に残留を決定するが、1つの時代が終わりを告げた。この責任を取り、織田氏は社長を退任する。そうした中で18年から展開期を迎える。

Key Point

・メインスポンサーが経営悪化しても、民間企業だけでなく、行政機関や市民などにも協力してもらえるような土壌づくりをする

・ピンチはチャンス。火中の栗を拾うからこそ、チャンスがある。特に若いリーダーはそのようなとき

こそ、力が発揮できる
・苦しい中で地方都市のクラブは「育成」と「地域密着」がキーワード
・経営者は決断と責任をとることが重要

2 3度優勝に導いたサンフレ型「地域密着」と「育成」の戦略

Q 資金が乏しいクラブは何を「ウリ」にして特色あるクラブを運営していくのか？

■独自のビジョン「日本一の育成型クラブを目指す」

第1節で、サンフレッチェの経営史を述べた。クラブを支えてきたのは、地域密着と育成である。サンフレッチェ広島の経営理念に「サッカー事業を通じて、夢と感動を共有し、地域に貢献します」とある。直接的に求められるものとしてチームの勝利と優勝があるが、決して勝利至上主義ではなく、クラブの存在意義、究極の目的はあくまで地域社会への貢献、活力と郷土愛に満ちた「ひろしま」の繁栄に貢献すると明示してある[1]。それを具現化する独自のビジョンとして「日本一の育成型クラブを目指す」がある。これが競技はもちろん、経営にも大きな影響を及ぼしている。

まず、Jリーグはプロ野球と経営環境が異なり、放映権料はリーグが統括している。ゆえに、それを分配金として受け取る。さらにプロ野球は12球団しかないが、Jリーグは2016年シーズンに56クラブへと拡大しており、プロ野球以上に商圏が限られている。

またプロスポーツクラブの経営として、「勝敗に左右されない経営」を考えなければならないが、Jリーグは降格の可能性がある。サンフレッチェも2度経験しているが、降格すると経営に多大な影響を及ぼす。Jリーグはここ数年でJ1昇格プレーオフを導入したり、J3を創設したり、ほぼ毎年といっていいほど何かしらの変革を行っており、それぞれのカテゴリーで賞金や観客動員数、メディアの露出度が大きく違い、J1の平均営業収益が約40億円、J2が約15億円、J3が5億円と格差がある。さらに、世界中でスポーツメディアを展開する英パフォーム・グループが運営するライブストリーミングサービス「DAZN（ダ・ゾーン）」との10年間契約で合計2100億円の放映権料を得ることになり、優勝クラブが受け取る金額は約2億円から約16・5億円に増えた。ゆえに、プロ野球とは勝利と敗北の価値が違い、リーグを入れ替わることで経営に大きな影響が出てくる。

■地方都市のクラブは優勝を狙わなくていいのか？

しかし目先の勝利にこだわり、無理な補強をしてしまうと債務超過に陥ってしまう。クラブ経営と勝利のバランスが非常に重要である。特に市場が限られ大きなスポンサーがいない地方都市のクラブは、自分たちの立ち位置を明確にしなければならない。常に優勝を目指すのか、5年に1度優勝を目指すのか、Ｊリーグ中位を確保するのか、Ｊ１とＪ２を行き来するクラブなのか。仮にＪ１とＪ２を行き来するクラブだとしても何ら恥ずかしいことでもない。自分たちの経営資源や市場を冷静に分析しなければクラブの未来はない。スポーツの勝敗は誰にも予測できないし、ひと時の勝利に翻弄され過剰な投資をしてしまうと回収も大変である。現在Ｊリーグでは、ダ・ゾーンマネーを使い、有名な外国人選手を補強するクラブが多い。ただ、サンフレッチェは過去の教訓や経営環境から、「自分たちは地方都市の中堅クラブ」だと立場を明確にしている。**表3-3**を見てわかるように、２０１７年度の営業収益は13位であり、１位のレッズと比較して倍以上の差がある。

■地方都市のクラブの投資は何へ選択と集中するのか？

ゆえに地方都市のクラブは育成と普及に投資するべきである。育成と普及は地道な活動であり、特に育成はコストがかかるわりに、リターンが少ない。しかしプロ野球とは違い、プロアマの協定が厳しくなく、育成のシステム構築ができる。これは最大のメリットである。いい選手を育てるのはもちろんだが、幼児から大人まで、自分たちのクラブをＰＲできるチャンスが多くあるからだ。これが非常に重要な経営の視点で、「地域に愛される」や「地域密着」を掲げるとき、この育成をすることで選手たちは地域の人たちに愛される。Ｊ２に降格したり、経営が非常に苦しい時でも、「あの選手た

▼1――サッカースタジアム検討協議会資料「サンフレッチェ広島の歴史と現状」２０１３、３ページより引用。

ちがいるのだから、応援しよう」となるはずである。サンフレッチェはそれを2度のJ2降格で身を持って体現している。ただ、このような状況を創り出すには時間が必要である。それをサンフレッチェはいち早く気づき、動き始めていた。第2章でも出たが、地方都市のクラブ資源は有限ではなく、投資は選択と集中をしなければ効果が低い。

これを構築したのが、当時のGM今西和男氏で「一流のサッカー選手である前に、一流の社会人であれ」という理念に沿って育成システムを築いた。特に高校世代のユースチームは、日本クラブユー

表3－3　2017年度のJ1クラブの営業収益

順位	チーム名	営業収益
1	浦和	79億7100万円
2	神戸	52億3700万円
3	鹿島	52億2800万円
4	川崎F	51億2300万円
5	G大阪	49億6600万円
6	横浜FM	47億6500万円
7	FC東京	45億8800万円
8	清水	40億100万円
9	C大阪	39億7600万円
10	磐田	38億2800万円
11	大宮	36億8500万円
12	柏	34億5400万円
13	広島	34億2400万円
14	鳥栖	33億5000万円
15	新潟	27億6200万円
16	仙台	27億900万円
17	札幌	26億7600万円
18	甲府	17億2700万円

出典：Jリーグ収支報告書。

スサッカー選手権（U-18）大会、高円宮杯全日本ユース（U-18）サッカー選手権大会、Jリーグユース選手権大会という主要3大会で素晴らしい成績を残し、サンフレッチェだけでなく、他のクラブにもトップ選手を送り出している。この成果の裏にはJリーグ初の全寮制を導入し、サンフレッチェ・高校・安芸高田市が連携した地域活性化の育成システムが築かれたことが大きく影響している。

■中山間地域と連携した地域活性化の育成システム

広島県安芸高田市吉田町は広島市中心部から車で約1時間の中山間地域。人口約3万人の内、65歳以上の高齢者が3分の1を占めており、少子高齢化と地域の認知度を向上させるというどこの中山間地域にもある課題を抱えている。サンフレッチェのクラブ名の語源は、毛利元就の逸話である「三矢の訓」で、吉田町は毛利氏の拠点となった城があり、Jリーグ開幕当時の町長が、サッカー中心の地域活性化を推進することにした。そのようなことから、1993年から吉田運動公園でサンフレッチェは活動を開始し、98年に「吉田サッカー公園」が完成し、99年から本格的に練習拠点としている。設備としては天然芝2面、人工芝1面のグラウンドとクラブハウスを完備したサッカー専用練習場を完成させ、トップはもちろんユース世代の育成に力を入れた。

この施設も素晴らしいが、最大のポイントは全寮制である。1994年に吉田町に「三矢寮」を完成させた。ユース選手は3年間この寮から吉田高校へ通い、吉田サッカー公園で練習する。そして地域の住人として、スポーツで地域貢献をする。クラブは、社会人として教育しながら自然に囲まれた素晴らしい環境で選手を育成できる。町は、若い世代が3年間過ごしてくれて、「おらが町のスター選手」を輩出し、町のPRにもなる。高校は、中山間地域で入学者確保が難しい中、入学者が増える。このような好循環サイクルを作ったのである。ここから森崎和幸・浩司（元サンフレッチェ広島）、駒野友一（現・FC今治）、槙野智章（現・浦和レッズ）、柏木陽介（現・浦和レッズ）、森脇良太（現・京都サンガFC）、高萩洋次郎（現・FC東京）など日本代表選手が育った。

それを象徴するのが、毎年11月に吉田サッカー公園で開催される「ふれあいサッカーフェスティバル」である。ユース選手だけでなくトップチームの選手も華やかなミニゲームやサイン会、サッカー教室などで積極的に活動していた。寮での教育は非常に厳しいと聞くが、社会人としての人材育成にも力を入れており、Jリーグクラブと契約ができない選手のことまで考えている。

サンフレッチェ広島はJリーグのフェアプレー賞をクラブや個人で何度も獲得しており、クリーンなイメージで地域に誇れるクラブを作っていく。そこから育った選手たちは地域に愛され、クラブが苦しい時もサポーターや住民が助けてくれる。また、その選手たちが日本代表クラスにまでなると、他クラブへ移籍する時に移籍金を残してくれる。移籍金ビジネスは南米のようにドライな形では日本人の心情的に反感を起こすかもしれないが、地方都市の中堅クラブには重要な資金にもなる。現に上記の選手の何人かも移籍しており、ユース出身ではないが、プレミアリーグ・アーセナルに移籍した浅野拓磨は推定380万ポンド（当時で約5・3億円）をクラブへ残している。

■育成とスカウティングの融合

サンフレッチェはスカウティング能力が高く、前述した織田強化部長を筆頭にJリーグ有数の名スカウトと言われる足立修氏（現強化部長）が、J2の選手や日の目を見ない選手を獲得しており、育成にも長けている。これはカープと似ている。資金力のない中で、育成とスカウティングに力を入れてスター選手を育成してきた。育成球団というブランドは広島プロスポーツの特長であり、すぐに結果が出ないかもしれないが、地道に続けていくことが競技からも経営面からも非常に重要だとわかる。

このスカウティングで大成功したのが佐藤寿人である。2005年にベガルダ仙台から移籍してきたが、J2の実績しかなかった。しかし移籍初年度に18得点を稼ぎ、ベストイレブンに選ばれ、チームのエースとなる。MVPや得点王も獲得し、日本を代表するFWへ成長した。サポーターから愛され、常にグッズの売り上げは上位で、経営面でもクラブを支えた。

このような事例を見ると、カープから生まれた育成球団のブランドを受け継ぎ、発展させたのがサンフレッチェ広島である。カープは1軍チームを強化するために、練習施設や2軍チームの充実、ドミニカ共和国にベースボールアカデミー[2]の設立などを行ってきた。サンフレッチェはそのイメージを引き継ぎ、広島県全体を巻き込んだ地域密着型の育成球団を創り上げた。現在、サンフレッチェには小学生のスクールをメインに、一般向けにスクール開講やサッカークリニック、少年サッカー大会を

▼2―― 1990年11月に広島東洋カープが外国人選手の発掘・育成のため、約6億円を投じてドミニカ共和国に作った日本球界史上初のアカデミーである。

開催し、年間約1万人以上のアカデミーやクリニックなどを実施している。これは普及→発掘→育成→強化と各カテゴリーのすみ分けや循環をしっかりと統制し、マネジメントを行っていることで成果を生み出している。

そのような育成球団だからこそ、日本代表監督の森保一氏を始めとした多くのOBや関係者が指導者やスタッフとして働いているのもクラブの特長でもある。他クラブの場合、どうしても効果を早く出そうとスカウティングに力を入れて、育成部分がおろそかになってしまう。しかしそこを我慢しないと後々、資金がなくなったときに経営が苦しくなる。ゆえに、この地域密着と育成が経営の根幹にあり、そのブランドは他のクラブにはない最大の特長であることが言える。

Key Point

・独自のクラブビジョンをクラブ内外へ明確に打ち出すこと　事例：「日本一の育成型クラブを目指す」
・地方都市のクラブは自分たちの立ち位置をはっきり出す　事例：Jリーグでどの順位を目指すのか
・地方都市のクラブは育成と普及へ投資するべき
・地域課題の多い中山間地域や島しょ部とも連携しながら、地域活性化の一翼を担う
・育成とスカウティングを融合させ、育成球団としてのブランドを形成する

3 赤字クラブを発展させるための経営者の行動、決断、戦略の工夫

Q 累積赤字でクラブが苦しい時に、どう行動し、何を決断しなければならないのか？

■地方都市のクラブ経営者の在り方とは？

この節は「ヒト」特に経営者に注目し、行動、決断、戦略についてサンフレ型の経営を分析していきたい。プロスポーツクラブはメディアの露出度から、しばしば大企業と間違われるが、実態は中小企業である。カープの従業員数は約150人、サンフレッチェは約50人で、世間の認知度と企業規模は反比例している。ゆえに経営者の行動は重要になる。特に地方都市の規模が小さいプロスポーツクラブは、経営者が何役もこなさなければならない。ファンや住民は、経営者やフロントスタッフにも親しみを持つことで、クラブへの関わり方がより深いものになる。そういう意味で経営者は「クラブの顔」である。一見、選手だけだと思われがちだが、クラブの規模が小さくなればなるほど、経営者の行動によってファンや住民の反応も違ってくる。

サンフレッチェの場合、久保氏がクラブの土台をしっかりと作り、プロ経営者として体現したのが2007年に就任した本谷氏である。それを発展させたのが小谷野氏であった。**表3-3**の数字を見

てわかるように、07年度に黒字化を達成し、12～17年度まで黒字を維持している。

■累積赤字20億円からどう立て直したのか？

私は幸運にも2人に自著のインタビューや試合会場などでお話をさせてもらった。その経験や資料から、逆境から立ち直り、発展したポイントについて分析したい。

まず、本谷氏は1978年（株）ダイイチ（現エディオン）に入社し、店舗開発部長を経てエディオン取締役となった。98年には経営危機に陥ったサンフレッチェ広島の広島事業本部長に就任し経営改革に尽力し、2000年度には球団を6期ぶりの黒字に導いている。その手腕を買われ、05年に経営危機に陥っていたザスパ草津の事業統括本部長に就任、専務や代表としてクラブを再建した。07年12月にJ2降格後のサンフレッチェ広島の社長に就任して、1年でJ1復帰、AFCチャンピオンズリーグ出場やナビスコカップ準優勝と強豪チームへと生まれ変わらせ、12年に悲願のJ1リーグ優勝を果たす。その経験から「立て直し屋」と呼ばれる。**表3-4**の08年からの売上を見ると、J2降格後も入場料収入は横ばいで、観客動員数はむしろ増えている。12年には思い切った決断でクラブを黒字化させていく。本谷氏はどのような方法で立て直したのか。

本谷氏が考えたのは、地域の人たちに信頼される安定的なクラブ作りである。経営面ではサポーターや住民のフェイス・トゥ・フェイスでの信頼関係作りである。そのため就任後すぐに、クラブとサポーターが直接意見交換を行うサポーターカンファレンスを開催した。そこで厳しいことも言われ

表3－4　サンフレッチェ広島2006～2017年度　決算内容

（単位：百万円）

年度	収入	広告料	入場料	配分	その他	費用	事業費	人件費	管理費	利益	純利益
2006	2,267	1,192	379	232	464	2,765	2,298	1,414	467	-498	-500
2007	2,626	1,193	438	285	710	2,567	2,081	1,236	486	59	53
2008	2,287	1,191	428	148	520	2,534	2,102	1,209	432	-247	-219
2009	2,728	1,364	545	280	539	2,708	2,263	1,313	445	20	12
2010	2,605	1,231	560	295	519	2,853	2,385	1,372	468	-248	-265

年度	収益	広告料	入場料	配分	育成	その他	費用	人件費	試合	トップ	育成	販売	利益	純利益
2011	2,676	1,439	458	232	108	439	2,671	1,324	218	250	125	754	5	-7
2012	3,176	1,406	551	239	100	880	2,949	1,412	239	254	132	912	227	223
2013	3,198	1,373	541	232	99	953	3,072	1,449	263	279	126	954	126	130
2014	3,149	1,537	505	219	93	796	3,019	1,349	297	299	138	937	130	122
2015	3,610	1,469	638	236	89	1,178	3,440	1,809	273	281	128	949	170	150

年度	収益	広告料	入場料	配分	育成	物販	その他	費用	人件費	試合	トップ	育成	物販	販売	利益	純利益
2016	3,794	1,620	563	290	93	487	741	3,435	1,553	271	423	156	314	717	359	312
2017	3,424	1,546	496	484	88	362	448	3,438	1,602	263	531	132	249	661	-14	1

出典：Jリーグ収支報告書

※2006～10、2011～15、16～17年度決算資料の報告方法に違いがある。

たが、様々な意見が出た。実はこの年チケット値上げの準備をしていたが、「J2に降格して値上げをするのか」という意見がシーズンパスを持つサポーターから多く出た。そこですぐに判断を切り替えた。ここにポイントがある。経営が厳しいとは言え、一番、お金を使ってもらうシーズンパスでコアとなる顧客の意見に反することをすると、当然ながら長期的に影響が出る。この長期的視点から考えながら、決断には躊躇しないことが重要であり、厳しい局面を見せたときこそ、経営者の能力が試される。本谷氏は値上げをする代わりに、飲み物券をつけることで補てんを行った。さらに、J1復帰後に少しずつその値上げをすることを約束し、サポーターに理解を得てチケット価格の適正化を図った。

さらに関東のサポーターカンファレンスでは、託児所の設置希望があり、すぐに増設を行った。画一的だったグッズをファミリーや女性向けのものを増やすなどのアイディア採用もあり、グッズ開発もこの時期から力を入れ始めた。

本谷氏が常に頭に入れていたのが、「お客様は何を求めて入場料を払っているのか」。フロントは集客と同時にスタジアムをどう演出して楽しんでいただくかを考える。それを自分たちの手で創っていく独自性が重要だと考えていた。例えば、今まで業者に任せきりだった試合前日にピッチ横にある広告看板、控え選手がアップをする人工芝、バックスタンドの上にある30数本の旗の設置をクラブ職員中心に行った。その時に、陣頭指揮を取ったのが本谷氏だった。本谷氏が作業着で後姿を見せることによって、職員のモチベーションを上げた。

無論、社長としてスポンサーを出迎えるなど重要な仕事もあるが、ギリギリまで行動で示す。これはザスパ時代の経験も役立ったようだが、「自分たちでやれることはやろう、それには何ができるのか」を常に職員へ問うた。そうすることで、モチベーションや主体性を上げることはもちろん、コストカットにもなる。そのような泥臭さも地方都市のクラブ経営者には必要なことである。また、小さなところをコストカットすることで全体のコストも下がり、懸命な姿はサポーターや住民にも伝わる。コストカットした部分は戦力強化に充てる。例えば当時、サポーターから人気のあった久保竜彦を呼び戻し、日本代表にも選ばれた西川や山岸など、ピンポイント補強を行った。経営と競技部分をバランスよくし、クラブ全体を良い環境にすることを心掛けた。

そして、最後に減資の大仕事があった。本谷氏は社長就任直後から、減資が頭にあった。つらい決断だったが、健全経営を行うために多方面の調整を行い、了承された。そのお蔭で12年から17年まで、サンフレッチェは赤字を出すことなく黒字経営を維持した。

■安定した経営を創り出すマネジメント術

再建されたサンフレッチェを引き継いだのが、小谷野氏である。小谷野氏は野村総合研究所、日興ソロモン・スミス・バーニー証券、クレディ・スイス証券などを経て、国内外の企業財務や経営を専門としてきた。2010年から株式会社エディオンで顧問を務め、12年にサンフレッチェ広島へ入社し常務取締役、13年1月に本谷氏の後を受けて代表取締役社長へ就任している。この経歴を見ると、本谷氏とタイプが違う経営者と思われるかもしれないが、サポーターや住民にとてもフレンドリーな地方都市のプロスポーツクラブ経営者として、リーダーシップを発揮した。

2012年に本谷氏が減資を行う上で、「経営再建5カ年計画」を打ち出し、99パーセントの減資と2億円の第三者割り当て増資を決断した。それを引き受けた小谷野氏は組織をフラットな形態に再編しスタッフが意見を言いやすくして自由な発想を引き出した。大きな成果として現れたのが小谷野氏をモチーフとした「こやのん」である。小谷野氏をモチーフとしたキャラクターをグッズ化し、とても人気になった。選手や監督をモチーフとするものはいくらでもあるが、経営者は前代未聞である。

しかし、その自由な発想とクラブの好調な成績が後押しをしていく。こやのんと並んでこの時期にキャラクターとして人気を上げたのがマスコットの「サンチェ」である。13年にジェイズゴールが主催した「マスコット総選挙」でサンチェは37体中32位と人気がなかった。しかし、こやのんの登場を機にストーリー化し、サンチェをフェイスブックへ登場させ、人気がないことを逆に利用して、いじられキャラとして事務所の業務や各イベントへ積極的に登場、発信させた。14年にはサンチェの顔を親しみやすいデザインに変更、これをクラブは「整形」として発表し、話題を集めた。その甲斐もあり、次の年のマスコット総選挙では2位に輝く。第3回のJリーグマスコット大賞では見事に大賞を獲得してJリーグの中でトップクラスの人気マスコットになった。

忘れがちだが、チームのマスコットも貴重な経営資源である。プロ野球では東京ヤクルトスワローズのつば九郎や中日ドラゴンズのドアラなどもいるが、戦略的にマスコットのPRをストーリー化し、キャラクターを再生した事例は少ない。他にも選手の顔をあしらったお面など、観客参加型の応援グッズも意識的に多く作成した。小谷野氏の在任期間は短かったが、このようなキャラクター再生やグッズ開発とともに専門である財務健全化を図っていく。2013年は支出を抑制し、工夫しながら選手の露出を増やして営業や社会貢献活動に参加させた。その結果、13年は前年度から約2万5000人観客動員数は減ったが、シーズンパスの売上が41％増で、過去最高の売上高を記録した。14年度は順位を落としたが、売上は4800万円減少に留め、3期連続の黒字を達成し、経営再建5カ年計画を前倒しで完遂した。同時にチームの戦力を落とさずに経営と競技力のバランスを保ち、15年優勝の土台を作った。この絶妙のバランスを保つことはとても難しく、サポーターに納得してもらいながらのクラブ運営を行い、経営を軌道に乗せたことは小谷野氏の功績である。

このように順風満帆に見えるサンフレッチェだが、次の節に述べる新スタジアム建設問題が浮上する。この問題も絡んで小谷野氏は2015年2月に社長を退任し、3月に広島市長選に出馬する（詳細については本章第5節参照）。

Key Point

・経営者は「クラブの顔」であり、積極的に前へ出てクラブをPRする
・累積赤字20億円からの立て直し顧客の声を聞き、スピード感を持って対応をする
↓リーダー自ら、行動を行う
↓職員のモチベーションを高め、主体的な組織にする
↓現場主義を貫き、自分たちの手で徹底的なコストを行う
↓健全経営とピンポイントの補強を行い、経営と競技のバランスを取る
↓大きな決断を行った時は、経営者の責任を明確する
・安定したクラブ経営を創り出すプロセス組織をフラットな形態へ
↓自由な発想を引き出す
↓クラブマスコットは貴重な経営資源。戦略的にストーリーを打ち出し、グッズ収入増加を目指す
↓収入と出費を考え、抑える時には抑え、使う時には使う
経営と競技力のバランスを保ち、クラブを安定させる

---

4 勝っているのに伸びない観客動員数とスタジアム問題

Q 「勝っているのに観客数が伸びない」課題に対して、クラブはどう考えるのか？

■勝っているのに観客数が伸びない課題

第4、5節では、安定してきた経営からどうすればより成長できるのか、キーワードとなるプロスポーツビジネスを行う器＝スタジアムについて述べていきたい。

2015年シーズンから2人が築いた土台を元に、社長は前強化部長の織田秀和氏に託された。織田氏は1984年にマツダへ入社し、マツダSCの選手として活躍した。91年に現役引退、92年にサンフレッチェに出向、強化部へ所属。2001年に強化部長へ就任している。

まさにクラブの生え抜きであり、苦楽をともにしてきたクラブのトップとして、2015年は3度目の優勝を飾り、過去最高の収益を得る。16年はリーグ戦6位にも関わらず、優勝効果のスポンサー料や浅野拓磨の移籍金を合わせて前年度の好調を維持し、売上高37・9億円、当期利益も3・1億円と過去最高を上回った。しかし、17年にこれまで好調だったチーム成績が下がり、突如、残留争いに巻き込まれ、シーズン途中に功労者だった森保一監督が退任した。何とかチームはJ1に残留できたが、織田氏は低迷の責任を取り、退任をした。

そして、2018年から山本拓也氏が社長へ就任した。前年度のチーム成績が嘘のように前半戦は白星を重ねた。しかし最後は息切れを起こし、2位に終わった。ただ、ここで顕在化した大きな課題がある。それは観客動員数の低迷である。発展期の中でリーグ優勝3回を果たし、強豪クラブとなり、売上高を上げてきた。しかし、18年のホーム平均観客動員数が1万4000人を下回り、残留争いをした17年をかろうじて上回る動員数に終わった。「勝っているのに観客数が伸びない」という問題が起き始めた。

それでは、クラブが経営努力をしていないのか。Jリーグが発表しているホーム観戦者意識調査では、2012年に地域貢献をしているクラブの1位と評価され、その後も高い順位を保っている。さらに、18年山本氏の社長就任直後には、「顧客戦略部」を立ち上げた。1試合ごとの観客数目標を立て、リーグ戦とカップ戦の合計20試合の年間観客数を30万人に掲げた。さらにタイの英雄ティラーシン・デーンダーを獲得し、タイへの観戦パックを企画するなど工夫を行っている。無論、このような経営努力は当たり前で、努力を続けた上で何が問題なのかを考え、分析をして課題を受け入れることが必要である。ただ、それを行ったうえで、クラブが目標とする平均1万5000人の維持は難しいのが現状である。この大きな理由にスタジアムの問題があるのではないだろうか。

■スタジアム問題が長引くサンフレッチェ

この問題は広島東洋カープと似ている。現在、マツダスタジアムは日本唯一のボールパークとして売り上げと観客動員数を誇り、チームが優勝できない中でも観客動員数を維持した。しかし、その前の旧広島市民球場は老朽化し、「スポーツをみる」視点では非常に厳しい環境であった。

社会の変化も大きい。1990年代までは、チームが強ければ客は入ったが、現在は娯楽が多様化し、サービスの質も向上している。映画館、宿泊施設、飲食店、ショッピングモールもどのように付加価値のある空間にするかで競い合っている中で、スポーツ施設だけが特別ではない。試合中はもちろん、試合前後の滞在時間をどう快適に過ごしてもらい、お金を落としてもらうかが鍵となる。

残念ながら、サンフレッチェが利用している広島広域公園陸上競技場（エディオンスタジアム広島）では、その体制が作れないのが現状である。そもそも1994年のアジア大会招致のために作られ、その後の活用を安易に考えていたため、様々な問題が起きている。

まずは、立地とアクセスの問題がある。市街地中心部や主要駅から遠く必然的に車利用が多くなる。しかし、近隣の開発により駐車場確保が難しい。そうすると、渋滞や公共交通機関の不便さから客足は遠のく。さらに、スタジアムまでにある坂は、高齢者や障がい者の方にとっては妨げとなっている。次に設備の問題。陸上競技場と兼用なのでピッチから遠く、20年以上大改修を行っていない。そのため設備が老朽化し、ビギナー観戦者には非常に厳しい観戦環境だ。また運営は市の外郭団体が行っているため、柔軟なスタジアム運営ができない。

このようなことから、クラブ関係者は早くからスタジアム新設の動きを見せていた。まずは、2002年日韓ワールドカップの試合開催やキャンプ誘致失敗で市民やサポーターに試合観戦環境が悪いことが明るみとなり、新スタジアム建設へ経済界や行政を含めて話し合うことになった。

1つポイントとなるのが、まちなかスタジアムではなく、郊外での巨大スタジアム建設が主流ということだ。ただ現在、国内の主要プロスポーツリーグで、スタジアムやアリーナを新築、改築する動きは活発化している。2020年東京オリンピックを始めとしたスポーツビッグイベントが控えているだけではなく、地域活性化の手段として動きが加速している。特にJリーグとBリーグは全国各地でスタジアム・アリーナ構想が浮上しており、Jリーグは早くから動き始めた。07年前後に競技をする場所だけでなく、ビジネスやまちづくりなどをキーワードとしたスタジアム研究を始めたのだ。この研究から、地方都市の中心市街地にスタジアムを建設する「まちなかスタジアム」という言葉や、日本政策投資銀行が「周辺のエリアマネジメントを含む、複合的な機能を組み合わせたサスティナブルな交流施設」を指すスマート・ベニューという造語を誕生させた。

そして、スタジアムの建設ラッシュとなる。過去を振り返ると、第1の波として、1964年の東京オリンピックを契機に70年代は高度経済成長の追い風に乗り、総合運動公園の中に陸上競技場と兼用のスタジアムを数多く建設した。第2の波はワールドカップ招致のために、90年後半から大型のスタジアムが地方都市にも建設された[3]。そして、第3の波として、全国各地に地方活性化を旗印として建設構想が浮上しているのである。

■スタジアムを新設したいが進行しない地方都市

ここで考えないといけないのが、建設費である。記憶に新しいと思うが、新国立競技場は建設費が高騰し、一時は3000億円以上かかるのではないかと社会問題になった。スタジアム建設は多額の税金を使うことが多く、ビジネスと公共性のバランスがよく議論される。そこでスポーツ庁も2017年6月、スタジアム・アリーナ改革ガイドブックを公表し、競技場だけでなく、地域経済を成長させる場として整備することを述べている。ここでポイントとなる言葉が「多機能」と「複合化」である。この2つをJリーグ発刊の『スタジアムの未来』は、8項目に分けて説明している。①「文化として」、②「シンボルとして」③「コミュニティができる」④「ホスピタリティー」⑤「街の集客装置」⑥「環境にやさしい」⑦「多機能複合型」⑧「防災拠点」。

これらが未来に実現するとスポーツ庁が描く我が国の基幹産業へ進化し、地域活性化するだろう。しかし、地域単位で抱える問題や建設の狙いは異なっており、一筋縄ではいかない。だからこそ、構想が浮上してもなかなか進まない自治体は多い。

2018年5月にスポーツ庁が発表した「スポーツ分野における民間資金・先端技術の活用推進と先進事例の横展開等」の資料を見ると、18年3月1日時点でスタジアム・アリーナ新設・建設構想は合計で62件ある。◀4 その中で、長崎の新スタジアム構想が話題となっている。V・ファーレン長崎の親会社であるジャパネットHDが長崎県幸町工場跡地の活用事業者の公募に応じ、三菱重工業から優先交渉権を取得した。ホテルやマンションを複合開発する構想で、500億円という建設費は自社で負担するという。ほとんどのスタジアムが税金で造られる日本で、このような民間企業中心の成功事例が出てくると、日本のプロスポーツが変わるかもしれない。過去に多額の税金を使ったことによる資金不足や、スポーツをする場でしか想像できない地域住民の理解不足、建設候補地や周辺地の課題など、様々な問題があるからだ。

その困難を乗り越えて現在、建設に向かっているのが、京都スタジアムである。京都サンガFCの本拠地として建設が進んでおり、２０２０年春を開設予定にしている。ここに至るまでには、多くの紆余曲折があった。最初に構想が持ち上がったのは１９９５年1月。そこから大阪オリンピック招致の落選や市議会の反対、スタジアム候補地が絶滅危惧種のアユモドキの生息地だということで反対運動が起きるなど何度も建設がとん挫したが、経済界や市民を中心とした署名活動などでようやく２０１５年６月に府議会で工事費１５４億円が可決された。

このように、スタジアム新設には非常に長いプロセスが生じ、困難があるのも間違いない。しかし、社会変化などからビジネスをする場としてのスタジアムはどのクラブにも非常に大切である。他都市の事例も含めながら、次の節でこれからのスタジアム建設の在り方について述べたい。

▼3―― ワールドカップ招致のために札幌ドーム、宮城スタジアム、新潟スタジアム、静岡スタジアム、大分スタジアムと4万人以上が収容できる大型スタジアムが建設された。多くはJリーグなどで利用されているが、都市規模に対して収容人数が多く、集客や稼働率に苦しんでいる現状がある。

▼4―― 内訳はスタジアム・球技場が39件、アリーナ・体育館23件。

Key Point

・娯楽が多様化する中で、ビジネスを遂行する「スタジアム」はとても重要である
・ただ、現在のスタジアムの多くは経営する上で、厳しい環境だということを受け入れる
・ホームスタジアムの現状と課題をしっかりと分析する
・他都市のスタジアム動向もしっかりと把握し、自分たちの問題解決にも取り入れる
・その上で、経営努力をし、スタジアムの新設や改修が地域に認められる存在になる

5 これからの新スタジアムについて

Q これからのスタジアムはどのようなビジョンとスキームを描かなければならないのか?

■スタジアム建設までのビジョンとスキーム

非常に時間がかかって建設までこぎ着けても、大切なのはその地域がスポーツをどのように活用するかというビジョンとスキームである。それらがなければ、スタジアムを造る意味がない。何のために必要なのかを地域住民に示し、夢を描けるかが課題だ。そうでないとスポーツによる地域活性化はできない。厳しい言い方になるが、税金を使う以上は説明責任があり、問題は全て透明化する必要が

あるだろう。そういう意味では、広島市民やサポーターには建設費が多く掛かる巨大なスタジアムを作るという意識がまだ残っており、都市郊外型の大規模施設のイメージのままであった。しかも、広島広域公園陸上競技場（エディオンスタジアム広島）には多くの負債があった。このイメージが抜けないまま、何度も推進プロジェクトは休止となる。

しかし、２０１２年に大きな転換点を迎える。市民やサポーターの要請を受けて県サッカー協会・サンフレッチェ広島・同クラブ後援会が、建設要望書を県および市に提出した。この年、クラブは史上初のＪリーグ優勝をする。さらに13年も連覇を成し遂げる中、クラブ等が36万９６３８件の建設要望署名を集め、スタジアム建設の気運が高まった。これによようやく行政側も重い腰を上げ、県・市・商工会議所・サッカー協会でサッカースタジアム検討協議会を設置した。しかし、建設候補地も絞れないまま協議会は終了する。動きが鈍くなったことを懸念したクラブのトップであった小谷野氏が動き、15年にスタジアム整備推進を掲げて広島市長選に立候補したが落選した。

２０１６年には会長の久保氏が会見を開き、市内中心部である旧広島市民球場跡地へのスタジアム建設を訴え、「Hiroshima Peace Memorial Stadium」という独自案を披露した。この中で、エディオンとしても30億円を寄付することを表明し、クラブが本気であることを訴えた。大きな動きはなく、03年から始まった活動は15年過ぎていた。

ただ、２０１９年に動きを見せ始めた。広島市が本格的に検討を始め、旧広島市民球場、中央公園広場、そして、広島市南区宇品港に隣接する広島みなと公園の３カ所を候補地とし、19年2月に中央公園広場に決定した[5]。クラブとしては旧市民球場跡地が第一候補だったが、広島県、広島市、商工会議所の3者は市中心部でアクセス面に優れ、スタジアムの多機能複合化が可能であり、事業費が他の候補地より190億円と低く抑えられることを評価した。クラブとしては経営面、さらには広島のプロスポーツクラブとして発展していくために、早急にスタジアムを核とした計画をスタートしなければならなかった。これには広島市長選などを含めた統一地方選が19年4月にあり、政治家自身が県民や市民の関心が高いスタジアム建設に関してどう考え、どう解決するのかを施策に出すなどの政治的要素も絡んでいた。

ただ結論としては、関係者や県民、市民やサポーターの粘り強い要望とクラブの長期的な訴えが成就したものであった。私はこのプロセスを2012年からスタジアム推進プロジェクトに参加しながら、参与観察を行い、考察を行った[6]。ただ、これからが課題が山積みである。広島の街のためにはどのようなスタジアムを想像しなければならないのかを地域全体で考えなければならない。

■ハコモノにならないためのスタジアム創り

広島のスポーツファンはマツダスタジアムの10年間の成果で、街なかにスタジアムを建設するイメージが良くなっており、ハードルは下がっているのではないかと考える。加えて言えば、スポーツ観戦環境に求めるハードルは高くなったと言える。カープファンはサンフレッチェのファンでもあると言われ、実際にP3プロジェクト[7]やトップス広島[8]など様々な地域貢献活動で一緒に活動し、グッズも連携して開発している。ただ、実際の建設準備では、色々なハードルがある。建設費、建設予定地の騒音などの対応、設備や機能をどうするかなどである。それらを踏まえて、国内ではスタジアム建設は多額の税金を使うことが多く、だからこそ、「ハコモノ」にならないためのコンセプトと長期的ビジョンを築き上げていかなければならない。

スタジアム建設問題に長年取り組んできた元サンフレッチェスタジアムＤＪで広島市議会議員の石橋竜史氏は「今回の新スタジアム建設は単純に建設する話ではなく、中長期的に広島市の都市計画をどうしていくかを考える貴重な手段でなければならないと考えています。例えば、広島は国際平和文化都市として国内外へ発信されていますが、スタジアムを通じてどのようにそれを発信するかを明確にする。例えば、プレミアリーグでは全観客動員数の約５％はアウェーツーリズムとして本拠地の地域外から訪れて観光をして、お金をその都市に落としています。ただ、サンフレッチェの場合は現在、

▼５――新スタジアムは２０２４年のシーズン開幕までの開業を目指す予定になっている。

▼６――南博・藤本倫史「都市政策の観点から見た日本の地方都市における「まちなかスタジアム」整備の特長と課題」日本都市学会年報　２０１６より引用。

▼７――２００７年に広島県に本拠地を置いている広島東洋カープ・サンフレッチェ広島・広島交響楽団のスポーツ・文化団体のプロによって設立された地域活性化プロジェクトである。活動としては、試合や講演の招待イベント、夏休み体験事業、小学校訪問・慈善事業などを３団体が連携して行っている。

▼８――正式名称は、特定非営利活動法人広島トップスポーツクラブネットワーク。参加団体はカープとサンフレッチェを含めた８競技９団体。広島県において異なるスポーツ団体が連携し地域密着に取り組むため結成された組織。活動はスポーツ指導普及事業や地域活性化事業・各種イベントへの参加を行っている。

1％前後の数字です。これを新スタジアム建設によって改善して、広島市では現在、ピースツーリズムを推進しており、平和公園に来る方とサッカーを見に来る方がどちらの施設にも訪れてもらい、街の回遊性を作っていく必要があると思います。このように経済的にも文化的にも街が活性化していく視点で、交流人口を増やしていけるスタジアムを建設する必要があります。ただ、劇的な効果を期待しても厳しいと思うので、尚更、スタジアムの中長期的なビジョンと目標を定めなければならないとも感じています」と述べている。[9]

このような行政の視点を踏まえながら、そのハードルを乗り越えていく必要がある。次は先進的な国内事例としてガンバ大阪の本拠地パナソニックスタジアム吹田と、ギラヴァンツ北九州の本拠地ミクニワールドスタジアム北九州について見ていきたい。

■パナソニックスタジアム吹田の事例

パナソニックスタジアム吹田は、国内初の寄付金で造ったスタジアムである。総事業費は約140億円。内訳は法人寄付が99億円、個人寄付が約6億円、残りが助成金で約35億円である。最大の魅力はその臨場感。観客席とピッチの距離が7メートルと、同規模のスタジアムとしては国内で最も近いのだ。入り口の階段を上り、観客席のある3階フロアにたどり着くと、ピッチが前面に広がる。この光景は初心者も感動するのではないか。外周部分にはバラエティーに富んだ売店が29店舗並ぶ。3階フロアは仕切りがなく回遊可能で、反対側のスタンドにある売店にも行くことが可能。トイレは1つ下の2階にまとめ、動線が重ならないよう工夫が施されている。
このような「観る環境」作りは非常に大切で、陸上兼用や老朽化が進むとなかなか観客を呼ぶことが難しくなる。無論、マンチェスター・ユナイテッドのオールド・トラッフォード、野球でいうと阪神甲子園球場やボストンレッドソックスのフェンウェイパークなど、歴史ある球場で集客に成功しているスタジアムもある。ただ、歴史は簡単に作れるものではない。やはり観戦環境を良くすることが、集客の重要な部分を占めているといえる。

さらに、このスタジアムには防災機能も備わっている。防災拠点としての機能も併せ持つことは、近年の大規模災害を見るとどれだけ大切か理解できるだろう。このために取り入れたのが、大規模スタジアムとしては日本初となる屋根免震構造である。観客席を覆う屋根とスタジアム本体との間に免震装置を設けることで、地震時に屋根の揺れを減らして落下を防ぐ。それとともに、屋根を支える柱のスリム化にもつながる。また、同時期にエキスポランド跡地に誕生した大型複合施設エキスポシティと一括受電するシステムを導入しているのも重要なポイントだ。

もう1つ重要なポイントが、スポーツホスピタリティの機能だ。最終章で詳しく述べるが、VIPの接待やビジネスの商談時に特別な空間を設けることはスタジアムの機能と格を上げる。パナソニックスタジアム吹田は、4階席からピッチ全体が見渡せる約300席のVIPシートがあり、本格的な

▼9―― このインタビュー調査は石橋竜史氏に対して、2019年2月25日に広島市内で実施した。

フレンチも楽しめる。このシートは2016年の稼働率が約30%、17年は約50%と活用が進んでいない。スポーツホスピタリティの文化はまだまだ日本に根付いていないが、世界や国内の富裕層に対して、今後どれだけPRできるかが鍵だといえる。

スタジアム建設後の目に見える効果として入場者数の増加がある。2016年の年間入場者数は15万8822人増、平均入場者数は9342人の増加で、増加率は158%となった。

ただ新設時は観客が「ご祝儀」で入ってくれることが多く、大切なのは2年目以降である。現に2017年のホーム平均観客動員数は2万4277人と微減しており、継続することの難しさが垣間見える。また、完成後の自治体との関係や周辺施設、特にエキスポシティの商業施設は改善の余地があり、「その辺りの関係性を向上させていく必要がある」と球団職員は仰っていた。

だが、建設費の集め方や施設のノウハウもこれまで国内にはなかった。スタジアムをマネジメントすることの歴史が浅いわが国では、先進的な取り組みを観察し、取り入れていかなければならない。

■ミクニワールドスタジアム北九州の事例

次に、広島市と同じく政令指定都市である福岡県北九州市をホームタウンと北九州の本拠地「ミクニワールドスタジアム北九州」について見ていきたい。特徴はサッカーとラグビーの兼用スタジアムになっていることだ（サッカーとラグビーのフィールドは似通っており、観戦者の臨場感などに問題はない）。

立地としては、JR小倉駅から徒歩7分の場所に位置し、まさに「まちなかスタジアム」と言える。

アクセスも当然優れており、北九州空港からもノンストップ便で最短33分になっている。

設備も充実しており、「ゼロタッチ」と呼ばれる最前列とタッチラインの距離は８ｍで、高低差は65㎝となっている。「みるスポーツ」としての環境は優れており、席の勾配は最大傾斜37度と国内最大級で前席と後席の高低差も確保されている。加えて環境にも配慮したメインスタンド屋根に太陽光発電設備、高効率ＬＥＤナイター照明、雨水の洗浄水利用なども整備されている。地域密着型で、地元にゆかりのあるＴＯＴＯが多機能トイレ、東邦チタニウムがチタン銘板などを寄贈。その縁で「街かどショールーム」と銘打ち、スタジアム内で地元製品をＰＲするコーナーを作っている。

そして、最大の特徴が「海近」である。海に隣接している部分の座席数を少なくし、海が見える構造になっている。これを見るとＭＬＢサンフランシスコ・ジャイアンツの本拠地ＡＴ＆Ｔパークを思い出す。バリー・ボンズがライト方向に特大ホームランを打ち、そのボールを捕るためにカヌーで待っている人たちの光景は日本でも紹介された。このスタジアムもそのような遊び心を持っている。また、スタジアムへは小倉駅北口から行くが、南口に比べ商業施設も人通りも少ない。この街の課題をスポーツによって解決するべく、北口の回遊性を活発化しようとスタジアム単体の機能性だけでなく、エリアマネジメントを意識したスタジアム建設をしている。

北九州は製造業を中心に発展してきた歴史があり、観光産業の振興が課題となっている。そこでマンガやスポーツにも注目し、行政側も積極的にクラブと協議などを進め、一定の時間がかかったが、合意形成のプロセスをしっかりと踏んできた。そして、スタジアムをただ建設するだけでなく、向かいには広場やバスケットボールのハーフコート、そして、周りのコンベンションセンターやホテルなどと連携し、スポーツを核としたまちづくりを進めている。

このスタジアムの建設に深く関わり、地方都市のスタジアム建設研究を行っている北九州市立大学地域戦略研究所教授の南博氏はスタジアムの現状と課題について以下のように述べている。

スタジアム開業初年度の2017年度のスポーツ観戦による直接的な経済効果は7・6億円と北九州市は推計しています。また、ギラヴァンツ北九州のホーム平均観客動員数は16年はJ2で3224人でしたが、新スタジアム移転後の17年はJ3へ降格したものの5939人へと増加しています。さらにギラヴァンツの来場者調査でもスタジアムの満足度について「とても良い」とする回答が移転前の9・1%から移転後は56・8%へと大幅に増加し、また試合観戦前後に経済活動を行う回答者も増加しています。このように数字からみると一定の経済効果があり、新スタジアム開設は「みるスポーツの振興」や「中心市街地の活性化」に大きく貢献しているのではないでしょうか。

また、このような経済効果だけでなく、「地域社会の活性化」に寄与しています。例えばギラヴァンツの利用だけでなく、女子ラグビー7人制の国際大会、Jユースカップの決勝、なでしこジャパンの国際親善試合、ラグビーウェールズ代表の合宿地など、国際的・全国的な大会や合宿も新スタジアムがあるからこそ誘致できており、地域として国際交流などを積極的に図ることができています。また、スポーツ利用以外でも同窓会、ウェディング、ロックフェス、花火大会などの利用も行われています。

これらの誘致に大きく寄与しているのが、小倉駅とスタジアムを結ぶエリアにシティホテルやコンベンション施設があることです。スタジアムで国際大会等が開催される場合はこれら既存の都市機能とうまく連携できており、スタジアムの価値を一層高める役割を果たしています。

　これまでまちなかで行うことのできなかったイベントなどができることを含めて、地域の活性化に有効活用できる施設になっていることも特長だと思います。

　ただ、課題として、現時点では経済効果が小倉駅周辺に限定されている可能性があること等が挙げられます。市内の観光施設や名所への波及効果拡大など、より広範囲でスタジアム開業効果を高める方策が課題となっています。そして、域内外の方々に一層多くスタジアムに来てもらい、経済効果や社会的効果を高める具体策を、自治体、様々な産業団体や市民団体、スポーツ団体やスタジアム管理者などの様々な主体が力を合わせて考え、行動していくことがこれからも重要になってきます。[10]

　私は南氏とスタジアム建設で共同研究を行ったが、まちなか型としては理想的な建設過程を辿ったと感じている。もちろん地域やクラブの現状は違っているが、クラブが稼ぐためではなく、地域のためにスタジアムを核としたまちづくりをどうすればいいかを考えることは一致していた。だからこそ、北九州の事例は非常に先進的なものであり、短絡的に経済効果を見るだけでなく、まちとしてどうすべきなのかを長期的な視点で戦略的に進めることが必要不可欠である。このポイントを抑えながら、広島もスタジアム整備を進めなければならない。

▼10――　このインタビュー調査は南博氏に対して、2019年8月5日に電話で実施した。

■これからのスタジアムはどうあるべきか？

いわゆるその場しのぎの対応で、「とりあえずスタジアムを作ればいい」では市民の血税を無駄にしてしまう。現在の計画であれば、原爆ドームや平和記念公園と近い。広島市が国際平和文化都市を謳うのであれば、国際平和や国際交流をPRし、まちの活性化ツールとしてスポーツを意識しなければならない。そのためには久保会長の示した「Hiroshima Peace Memorial Stadium」のコンセプトを継続し、周辺地域と連携したエリアマネジメントでビジネスを展開できなければならない。他の地方都市もこのような長期のスタジアム建設ビジョンは考えなければならないだろう。あらゆる娯楽の中で「プロスポーツ」を選択してもらうためには、新スタジアムは必須である。

サンフレッチェも2019年には新スタジアム建設が決まり、集客策をこれまで以上に積極的に行っている。平日の金曜日（4月19日）に行われたFC東京戦では、無料のシャトルバスを横川駅と大型商業施設の2カ所に走らせる初の試みやロゴが入ったベースボールシャツを先着8000人にプレゼント。試合開始30分以上すぎてからの入場者は半額にする「駆けつけ割！」を実施し、平日にも関わらず1万5827人を集客した。また、NECのグループ会社と連携し、スマートフォン上でチケットやグッズを買うとコインがたまる「サンフレッチェコイン」[11]を導入し始めた。このような経営努力をしながら地域と連携し、新スタジアムの建設機運を承認してもらうプロセスも必要だろう。

Key Point

・ハコモノにならないために自治体とともにコンセプトと長期的なビジョンを築き上げていかなければならない

・スタジアム開業後の運営や周辺地域との連携は難しい。しっかりとした戦略策定を行う

・スタジアム単体の機能だけでなく、エリアマネジメントを意識したまちづくりに寄与するスタジアムを意識する

・スタジアム建設は短期的な結果より長期的な視点で物事を判断すべきである

▼11—— コインでグッズの交換やチケットの割引が行え、将来的には地元の飲食店や小売店を巻き込み、日常的に使える仮想通貨を目指している。

インタビュー

広島型経営発見とまちなかスタジアム実現に向けて

株式会社サンフレッチェ広島
元代表取締役社長

山本拓也

ナイキやアサヒビールでの実績が認められて2018年に社長へ就任し、スタジアム問題等、クラブの課題に立ち向かう山本氏にこれからのサンフレ型経営についてうかがった。

—まず、プロスポーツ市場で切磋琢磨している広島東洋カープについてはどんな印象をお持ちですか?

スポーツカテゴリーを問わず、プロスポーツクラブの完成形ではないかと思います。私は広島に来た直後、「こんな近くにFCバルセロナのような本物のプロスポーツクラブがあるんだな」と感じました。そして、このカープモデルを見て私なりに構造を分析しました。

その構造は以下のとおりです。

プロフィール
1970年生まれ。川崎市出身。青山学院大経卒。93年アサヒビール入社。96年ナイキジャパンに転職、販売やスポーツマーケティング担当。J1鹿島、浦和、横浜に続き11年からサンフレッチェ広島とサプライヤー契約。19年12月まで在職。

©2019　S.FC

新スタジアムを建設する→観戦環境改善、黒田投手のような看板選手などの復帰により強豪チームに変貌、カープ女子の影響でチームの露出が拡大→スポンサー価値拡大、新規スポンサー獲得→国内注目度が上昇、メディア露出増→新規ファン・サポーターの獲得、観客動員増加→入場料収入、グッズ収入、スポンサー収入の拡大→街のシンボルへ

この成功のメカニズムをカープさんから学びました。どの地方都市のプロスポーツクラブも成功するためにはこのプロセスを経なければならないのではないでしょうか。ここから新しい収入を得ることで、有望な選手を獲得したり、新たなマーケティング策を打ったり、好循環が生まれます。そして、クラブは拡大していくのではないかと考えます。

この成功の要因には広島の郷土愛と熱狂的なファンの存在があるからだと思います。私は大阪にも仕事で住んでいたことがありますが、阪神タイガースよりも今のカープに対する街の熱気はすごいと感じます。それは地方都市ならではだと感じていますし、カープは遊園地やアミューズメントスポットの代わりを担っております。お客様は、マツダスタジアムをいわばアミューズメントパークとして捉えています。このようなプロセスや構造は他都市のクラブも学ぶ点が多くあるのではないでしょうか。

―その中で、広島でプロスポーツを運営することの気付きや大変さはあったでしょうか?

私はナイキ等で培った経験を活かし、最初、データ重視のマーケティングを考えていました。しかし、日々が過ぎる中で、データを分析するビジネスと顔と顔を突き合わせるビジネスのバランスがとても大切だと感じるようになりました。何より、私は外部から入ってきた人間なので、広島の文化やビジネスをあまり分かっていませんでした。広島の特色を分かって接しなければ、地域に溶け込んでいけませんし、広島愛という郷土愛を理解しなければならないと感じました。ただ、私のような人間をサンフレッチェ広島に呼んでいただけた意味を理解して、新しい視点から運営もしなければならないとも感じています。

―そして、就任1年目(2018年)を終えられて、率直な感想はいかがでしょうか?

まずシーズン初めに、アクセスに対するギャップを感じました。東京都内からサッカースタジアムまでの所要時間と、広島市内からエディオンスタジアムまでの所要時間を比べると、東京の方が平均して長いです。だからこそ私は当初、アクセスの問題はそれほど課題ではないと感じていました。

しかし、アクセスの不便さと駐車場の少なさはお客様にとって大きな問題だと気が付きました。これは実際にお客様と接して分かったことです。公共交通機関を促進するのか、最寄り駅までパーク&ライドをしていただくのか、これを2019年シーズンは本格的に対応をどんどんと進めていきたいと考えています。

―2018年シーズンは勝っていても観客動員数は伸び悩みました。アクセスの課題も含めてどのように経営を考えていらっしゃいますか?

やはり、こんなに遠くても、こんなに面白いものがあるよねというスタジアム作りをどんどんと深堀りしないといけないと感じています。本来、プロサッカークラブですから、魅力的な試合を見せることが一番の商品価値だと思っています。しかし、2018年シーズンは圧倒的に独走しても、観客動員数は伸び悩みました。試合が面白くないわけではなく、その試合自体を多くの方にお届けできていないことに原因があると思っています。それにはやはりアクセスの問題が出てくるのですが、これはすぐに効果的な策があるわけでなく、地道にアクションしていくしかありません。もちろん、スピード感を持って都市圏のようにどんどんと策を打つのも手ですが、サンフレッチェの場合は地道にやるのが最善策だと思います。前職のナイキでは10、20代を中心としたお客様がメインターゲットで新しいものをどんどんと打ち出していました。例えば、SNSと連動させたサービス。しかし、今のサンフレッチェ広島のお客様のコア層は40代の方々ですので、SNSよりもファンクラブの特典を充実させるなど昔ながらのサービスが好きなお客様もいらっしゃいます。この方々に配慮した形で継続していくことが大切だと感じています。

―すぐに結果が出ない中で、地道な運営を続けるのは苦労もあると思いますが、地方都市のプロスポーツク

ラブ経営者として重要なことは何があるでしょうか？

地方都市のクラブ経営者としてはまず、サポーターや地域の方々に私の顔を知ってもらうことが重要だと感じました。理論やデータも大切ですが、ある方からは、「社長の顔がわからないと寄り添えない」とも言われました。私の中では、プロスポーツクラブの経営者は黒子役で、監督や選手が主役だと思っていましたが、それは違っていました。ホームゲームの場合は、とにかくスタジアムを回って「こんにちは、いらっしゃいませ、今日は力を貸してください」を繰り返す、アウェイの場合もサンフレッチェのサポーターの方々へご挨拶をする。そうすると様々なご意見や叱咤激励をいただきます。これは本当にありがたいことです。そのような地道なことを繰り返すことで、お客様の信頼や親近感を少しずつ克ち得ていくことがわかりました。そういう意味では、お客様は家族や友人に近い感じですね。クラブのことを愛しているからこそ、監督や選手だけでなく、私どもフロントのことも知りたいと思ってくださる、だからこそ、私としてももっと寄り添わなければならないと感じています。

―そのようなサポーターとの関係構築を含めて、２０１９年シーズン以降の経営をどのように考え、実行していこうと考えていらっしゃいますか？

もっと広島県に貢献できる活動を増やしていこうと考えています。イベント１つにとっても、ただ面白いものを行うのではなく、広島県と連動するようなものを意識したいと考えています。

また、フロントとしてはチーム構成も１つのマーケティング活動だと思っています。２０１９年シーズンはそのあたりも広島を意識したチーム作りを行いました。これからはトップチーム、ユース世代、アカデミーを含めた全体で広島県出身や中国地方の選手を前面的に押し出して行こうと考えています。19年シーズンは、トップチームの新入団選手は外国人選手以外、アカデミー出身もしくは広島県出身の選手を意識した選手構成になっております。大胆だと思われるかもしれませんが、育成と地域密着を考えるとこの戦略は非常に有効だと考えています。実際にお客様からもアカデミー出身もしくは広島県出身の選手を獲得してほしいと多くの声をいただいておりました。その結果、例えば19年シーズンの最初の2試合は引き分けでしたが、お客様からは「広島県出身の選手が出ていて嬉しい」といった言葉や「この選手たちが育つのを見ていきたい」などのお声をいただきました。お客様の望むチーム作りはとても重要だと思いますし、営業面でもこれは効果が出てくると思います。

―そのような施策を打ちながら、ようやく新スタジアム建設が動き出し始めました。この新スタジアムに関してはどのようなスタジアム作りを目指しますか？

我々がずっと望んでいた街なかへのスタジアム建設が、ようやく実現できそうなところへ来ており、関係者の方々や広島県、広島市などには感謝しかありません。

そして、街なかに作る意義を真剣に考えながら取り組まないといけないと感じております。公式戦が年間20試合程度しかないと言われるJリーグクラブのために建設するのは勿体ないと言われますが、サッカーをするのはサンフレッチェだけではありません。これは広島県のサッカー協会などともお話をしていきたいですが、コンサートやイベント利用も含めて計画的にピッチ内の稼働率を上げていきたいと思っています。ま

Ⓒ2019　S.FC

た、同時に力を入れたいのが、ピッチ外のスタジアム利用です。どう広島の街とスタジアムを繋ぐことができるのか、その繋ぐ役割となるのが私どものクラブだと感じています。

実はJ1の中には、街なかスタジアムは1チームもありません。その第1号に私どもはなるので、その役割は大きいと感じています。そのような中で、一番やっていけないのは、鉄の塊を作ることです。郊外の大型商業施設を見ると、外観はコンクリートで覆われていますが、街なかに建設物を作る場合はそうはいきません。まず、外観のビジュアルから見える化して、スタジアムを中心とした小さな街ができて、サッカーのない日も人の出入りが変わらないスタジアムを作らないといけないと感じています。

そのためには、スタジアム内に会議室、サロン、レストラン等を設置して普段から使ってもらえるような場を作り、スタジアムが身近な存在だと感じてもらえるようにする。現在のほとんどのスタジアムは郊外にありますので、試合が行われていない時は金網に囲まれています。しかし、今回のスタジアム候補地は広島市中央公園ですので、都市公園法で大規模なショッピングモールなどの大型の商業施設は建設できません。

しかし、逆に公園という立地を活かしたいと考えています。今、日本の都市圏では、公園のリノベーションが始まっています。世界に目を向けるとニューヨークのセントラルパークを始めとした都市型の公園は非常に人を魅了するものになっています。日本でも東京の南池袋公園や大阪の天王寺公園は地域外から人々が遊びに来ます。市内中心部の公園という立地をいかして、市民が集い、憩う場を提供していきたいです。

また、周辺の地域や商業施設とも連携して、365日稼働を目指すようなスタジアム作りが求められると思います。だからこそ、このスタジアムはサッカーが目的ではなく、試合の観戦はひとつの手段として市民の方々の日常に溶け込めるようなビジョンを描いています。私としてはピッチ内の収益も重要だと考えていますが、街全体の経済的効果を含めた地域を活性化できるスタジアムかどうかも重要であると感じています。

―それでは最後にプロスポーツビジネスを目指す若者たちへメッセージをお願いします。

仕事をしていて心から感動して泣くことができるのはスポーツビジネスの醍醐味だと思います。スポーツビジネスと他のビジネスが違うところは試合で勝敗がつき、感情移入ができることです。今の時代、心から感動することが少なくなってきています。IT化や個人主義が進む中で、スポーツビジネスは勝利、優勝という1つの目標に向かって、チームとクラブが一緒になって挑むこと、そんな他のビジネスにない感動を味わいたい熱い人にはお勧めの職業です。

また、求める人材のキーワードは、「ファンサービス」と「地域貢献」です。学生時代に身につけることは難しいと思いますが、それらに本気で取り組める人でないと、成功しないビジネスだと感じます。

これは入ってからになるかもしれませんが、目の前にはクラブを応援してくれるお客様と支えてくれるホームタウンがあります。特に地方都市のクラブはこのホームタウンに住んでいるファン・サポーターに寄り添って共に戦い、共に喜ぶ姿勢があるかないかは大きいです。地域にとって何が必要で、どうすれば喜んでもらえるかを常にアンテナを張っておく。営業で大切なのは、いいプレゼンテーション資料を作るよりもまずは気持ちを込めてご挨拶ができるか、そこからようやく営業が始まっていきます。

逆にこの姿勢がないといくら語学力やＰＣスキルがあっても成功しません。２０１８年に、広島では豪雨災害がありましたが、そのような緊急事態の時にクラブとして、人として何をすべきか考えて、行動に移せることが重要です。サッカーは生身の人間が創り上げる試合が商品で、それを支えてくれるファン・サポーター、スポンサー、そして自治体の存在なしには我々クラブは存在できません。ホームタウンに応援してもらっている「感謝」の気持ちを持って仕事に臨めるか、これがカギになります。サッカーはグローバルスポーツなので、語学力はとても有効なスキルになると思います。ただ、お客様にチームを応援してもらい、スポンサーや地域に支えられて私どもは存在しています。ゆえに、その２つが重要になる気がします。若い人たちの可能性は無限ですので、どんどん失敗をしてチャレンジしてほしいですね。

（※このインタビューは２０１９年３月27日に実施した。なお山本氏は２０１９年12月31日をもって退任された。）

第4章

広島ドラゴンフライズのマネジメント

1 日本プロバスケットボールクラブの混乱から始まったクラブの立ち上げ

Q 新設のクラブはどんなことに気をつけて設立しなければならないか？

■プロバスケットボールリーグの歴史

スポーツ産業におけるバスケットボールの市場は非常に大きく、有望である。世界の競技者数は約4億5000万人でサッカーの約2億6000万人を大きく凌ぎ、国際競技連盟FIBAに加盟している国と地域の数も213（2019年現在）とFIFAやIOCよりも多い。また、国内の競技者登録数もサッカーの約96万人に次ぐ、約62万人である。にも関わらずBリーグ創設は2016年であり、リーグ整備に多くの時間が費やされた。広島ドラゴンフライズ設立もその歴史に大きく影響を受けているので、まず日本プロバスケットボールリーグについて触れたい。

2016年まで、日本のバスケットボールには2つのリーグが存在し、特異な状態にあった。公益財団法人日本バスケットボール協会（JBA）を頂点にしてその傘下にあるナショナル・バスケットボール・リーグ（National Basketball League）と、そこから独立したJBA公認の日本プロバスケットボールリーグ（bjリーグ）があった。1967年にバスケットボール日本リーグ（協会主催）がスタートし、高度経済成長期に実業団リーグが形成された。しかし、70年代のオイルショックや90年代のバブル崩壊により、実業団チームが次々と撤退した。危機感を覚えたＪＢＡは96年に既存リーグのプロ化を視野に入れた独立採算組織「バスケットボール日本リーグ機構（ＪＢＬ）」へと改編した。この背景には93年のＪリーグ誕生がある。

そして、２００６年にＪＢＬが新リーグ構想を発表し、実業団チームに配慮してプロリーグと名乗らず、日本バスケットボールリーグ（新ＪＢＬ）と称し、ＪＢＬとＪＢＬ２から成り立つ２部リーグになった。13年にはナショナル・バスケットボール・リーグ（National Basketball League）とさらに名称変更し、日本バスケットボール協会（ＪＢＡ）が中心となり開始した。

ここまで振り返っても読者は戸惑うかもしれないが、プロ化推進と長い歴史をもつ実業団チームの維持で、決断できなかったことが特異なリーグ構成を生む原因となった。その中で、プロ化を推進するグループが独立したのが、ｂｊリーグである。これは２００５年に開幕した日本初のプロリーグだが、運営面の中心は㈱日本プロバスケットボールリーグが行った。初年度は６チームが参加し、最終的には22チームまで増えた。安定的発展のため、放映権、ＭＤ権、リーグスポンサー権などをリーグが一括管理するシングルエンティティを形成した。また収益を最大化してチームに分配し、戦力均等を図るために完全ウェーバー制ドラフトとサラリーキャップ制も導入していた。

■混乱の中でのBリーグ設立

2リーグが2005年から共存する中で、大きな出来事がおきる。13年12月に国際バスケットボール連盟（FIBA）からJBAに対し、『ガバナンス（組織統治）の確立』、『日本男子代表チームの強化』、『2リーグ並存状態（NBLとbjリーグ）の解消』を主とする改革が要求された。

これは国際機関にガバナンス能力欠如を指摘されたものであり、世間を揺るがす問題となった。この背景には、日本がホスト国として開催した世界最大規模の大会バスケットボール世界選手権（2006年）がある。この大会で大規模な損失を計上し、潜在的競技人口を含めた市場を生かせず、大会後の競技普及が進まず人気が低迷した。この大会の予選グループが広島で行われ、私も合宿やボランティア等で関わったが、関係者はPRに非常に苦慮していた思い出がある。

このような機会損失やJBAの内紛等でついに改善要求がなされ、2014年4月にFIBAはJBAに対し回答期限を10月末と通告し、充分な回答を示せない場合はFIBAの会員資格停止処分を科すとした。しかし当時のJBAは合意・回答をまとめることができなかった。さらに会長が相次いで辞任し、混乱が深まり、ついにJBAは無期限の資格停止処分を通達される[1]。通達後、FIBAはJBAが機能不全に陥っていると判断した。そして、15年1月28日にFIBAタスクフォース『JAPAN 2024 TASKFORCE』を設立し、ここからJBAのガバナンス改革が開始される。

その中心となったのが、Jリーグ創立に大きく寄与した日本サッカー協会最高顧問の川淵三郎氏であった。川淵氏はチェアマンに就任し、まずJBA理事会で制裁処分の責任を取り25名の全理事を辞任させ、しがらみのないフラットな形で組織を再編できるメンバーを選定した。次にスピード感を持って、プロリーグを設立する。Jリーグ方式を取り入れ、ホームタウン制度や5000人程度収容可能な体育館所有、練習会場の確保、選手の年俸下限を1000万円程度とする。地域密着のために自治体の支援体制の明確化などを打ち出し、競技の向上と健全経営の実施をわかりやすく「見える化」した（その後、クラブライセンス制度を導入している）。またタスクフォースが設立後約2カ月で新リーグの参加基準を正式に決定した。2015年4月には新リーグの運営母体として、一般社団法人ジャパン・プロフェッショナル・バスケットボールリーグ（JPBL）の設立が発表され、JPBLへの参加（入会）申し込みが始まり、ようやく日本に統一プロバスケットボールリーグが誕生した。

■プロバスケットボールが2チーム存在していた広島

このような混乱は広島にも影響をあたえている。広島には、近年までプロバスケットボールチームが2チーム存在していた。広島はスポーツ王国で、プロチーム、実業団、社会人チームが多くある。バスケットボールは小学校世代のミニバスケットボールで全国的な強豪チームが多く、中学校世代も盛んだが、実業団チームは男子がなく、女子は1993～2003年に広島銀行がチームを持っていたが地域に浸透せず、母体の経営効率化のために解散している。だが、2006年の世界選手権予選

▼1――　日本代表男子チームだけでなく、女子、ユース、クラブチームレベルのすべてのカテゴリーでの国際試合出場が停止や東京オリンピックへの開催国枠での出場を適用しない可能性があると言及された。

グループ開催も重なり、関係者はプロチーム設立を模索する。

このような中でNBL発足が決定すると、2013年4月にスポーツ用品会社を経営する清水敬司氏が中心となってプロチーム発足活動を開始する。広島県バスケットボール協会も賛同し、資本金3000万円の調達に目途をつけて同年8月NBLから認可を受け正式参加が決定した。チーム名は「広島ドラゴンフライズ」に決定し、10月に株式会社広島ドラゴンフライズが設立された。初代社長には、広島県バスケットボール協会副会長の伊藤信明氏が就任している。初代ヘッドコーチには元日本代表で活躍しミスターバスケットボールと言われた佐古賢一氏が就任。アシスタントコーチには、後に千葉ジェッツのヘッドコーチを務める大野篤史氏が就任し、豪華なコーチ陣となった。チームとしても日本代表の竹内公輔（現リンク栃木所属）を獲得するなどコストをかけて獲得した。

そして、もう1つのクラブが広島ライトニングである。2013年4月に広島県出身の元プロ選手が「広島プロバスケットボール株式会社」を設立し、同年7月にbjリーグ参入を表明する。15年に正式参入決定、2015―16シーズンから参戦する。ただ、県内に2チームあることから試合会場の確保やスポンサー獲得に苦慮して経営が悪化し、退団者が相次いだ。結局シーズン最下位に終わり、全てのスタッフと選手を契約解除して、活動停止した。この2チームの設立と経営が順調にいかなかったことは、日本プロバスケットボールのこれまでの縮図であると分析する。

■何を考えてクラブを立ち上げなければならないのか

一方、Bリーグ参戦が決まったドラゴンフライズも設立当初から経営に問題を抱えていた。先述の通り、勝利を追い求めてコストを意識しないスタイルのために経営が苦しくなっていた。また競技志向の試合を運営し、ファン目線でエンターテイメント性のある試合運営とは程遠かった。ゆえにメインスポンサーはつかず、シーズンを迎えてもユニフォームスポンサーさえもついていなかった。早くも2年目に社長の伊藤氏を始めとした3名が取締役を辞任し、新社長として元広島県信用農業協同組合連合会幹事の岸房康行氏が就任する。ただ、2年目も売り上げが伸びず、2億2000万円の負債と1億6000万円の債務超過となり、早くも球団存続の危機を迎える。

これはスポーツビジネスの場合、ステークホルダーの複雑さを理解していないことに原因がある。例えばファンは顧客だが、試合会場を盛り上げる経営資源でもある。メディアはスポンサーだが、取材して番組制作する対象でもある。試合運営でも地域の競技団体の協力を得ないとスタッフを集められないし、行政と連携が取れないと試合会場も貸してもらえない。このビジネス上の利害関係者＝ステークホルダーを把握し、戦略を立てないといけないことが、一連の動きから読み取れる。

Key Point
・新規参入する場合に、全体を俯瞰してどのような課題があり、何をすれば最適なのかを考える
・問題が解決しない場合は内部だけでなく、外部の強力なリーダーシップに頼ることも必要である

・新規クラブはすぐに結果を求める過度な投資（選手補強など）をするのではなく、ファン目線を大切にしてエンターテイメント産業であることを主に運営を行う
・ビジネス上の利害関係者＝ステークホルダーをしっかりと把握し、戦略を立てる

2 球団消滅危機から立ち直るファン戦略とカープから学ぶグッズ戦略

Q 累積赤字がある新規クラブは何をしなければならないのか？

■新規クラブを立て直すのに必要なこと

そして3年目、球団に負債が残る中で浦伸嘉氏が社長を引き受ける。後述するインタビューにもあるが、非常に危機的な中で、競技者目線の試合運営を過去2年続けていた。**表4-1**を見てわかるように平均観客動員数は伸び悩み、売上高も下がっていた。そこで、改革の1つとしてサービスの質の向上を目指した。それまでは、ヘッドコーチや選手のネームバリューで観客動員を増加しようと考えていた。また、バスケットボール関係者が経営陣に多くおり、競技者目線で試合運営が行われていた。ゆえに試合会場でフロントが積極的に動くわけでもなく、イベントやグッズの数も少なかった。

プロバスケットボールはＮＢＡを見てわかるように、音楽やＤＪ、チアリーディングチームが盛り上げ、野球やサッカーよりもエンターテイメント性が高い。ドラゴンフライズの2年目まではそのような演出が少なかった。そこで、3年目から社長自ら率先してファンを迎える体制を整えた。必ず開門前にはフロントスタッフが出迎え、席がわからない方に向けてコンシェルジュを付けた。場内演出もこだわった。特に専属チアダンスチームのフライガールズはフェイスブックやユーチューブで投稿を多くし、地域イベントにも積極的に参加。その結果、人気チームになり、試合会場で欠かせない存在になっている。

表4-1　広島ドラゴンフライズの平均観客動員数と売上高

シーズン	平均観客動員数（人）	売上高
2014-15	1184	1億3691万円
2015-16	1349	1億2163万円
2016-17	1861	2億7332万円
2017-18	1946	4億 454万円
2018-19	2280	4億3000万円

注：2016-17シーズンからBリーグ、それまではNBL。
出典：広島ドラゴンフライズクラブパートナーシッププログラム。

　このようなサービス向上の姿勢を私が実際に感じたのが、ボランティアスタッフに向けての対応である。私のゼミは２０１６年から福山での公式戦の際に試合運営のボランティアを行っている。そのスタッフに対して、社長自ら準備前に現在のチーム状況と試合運営について説明を行う。そして士気を高めるために円陣を作って掛け声をかけて準備に入る。ここでポイントになるのが、現状の明確な数字と目標を示していることで、スタッフはチームの一員として試合運営に入ることができる。このような地道な経営努力が**表4-2**を見てわかるように、少しずつファンを増やすきっかけになる。ファンの増加に

表4－2　広島ドラゴンフライズ2016-17、2017-18シーズン収入の内訳

（金額の単位：10万円）

年度	収益	広告料	入場料	配分	育成	物販	その他	費用	人件費	試合	トップ	育成	物販	販売	利益	純利益
2016	2733	791	796	249	73	335	487	3068	1102	567	306	20	234	835	-335	-379
2017	4068	1820	1103	209	222	445	267	4049	1556	640	340	52	249	346	18	193

注：2016-17シーズンからBリーグ、それまではNBL。

出典：Bリーグ　クラブ決算概要。

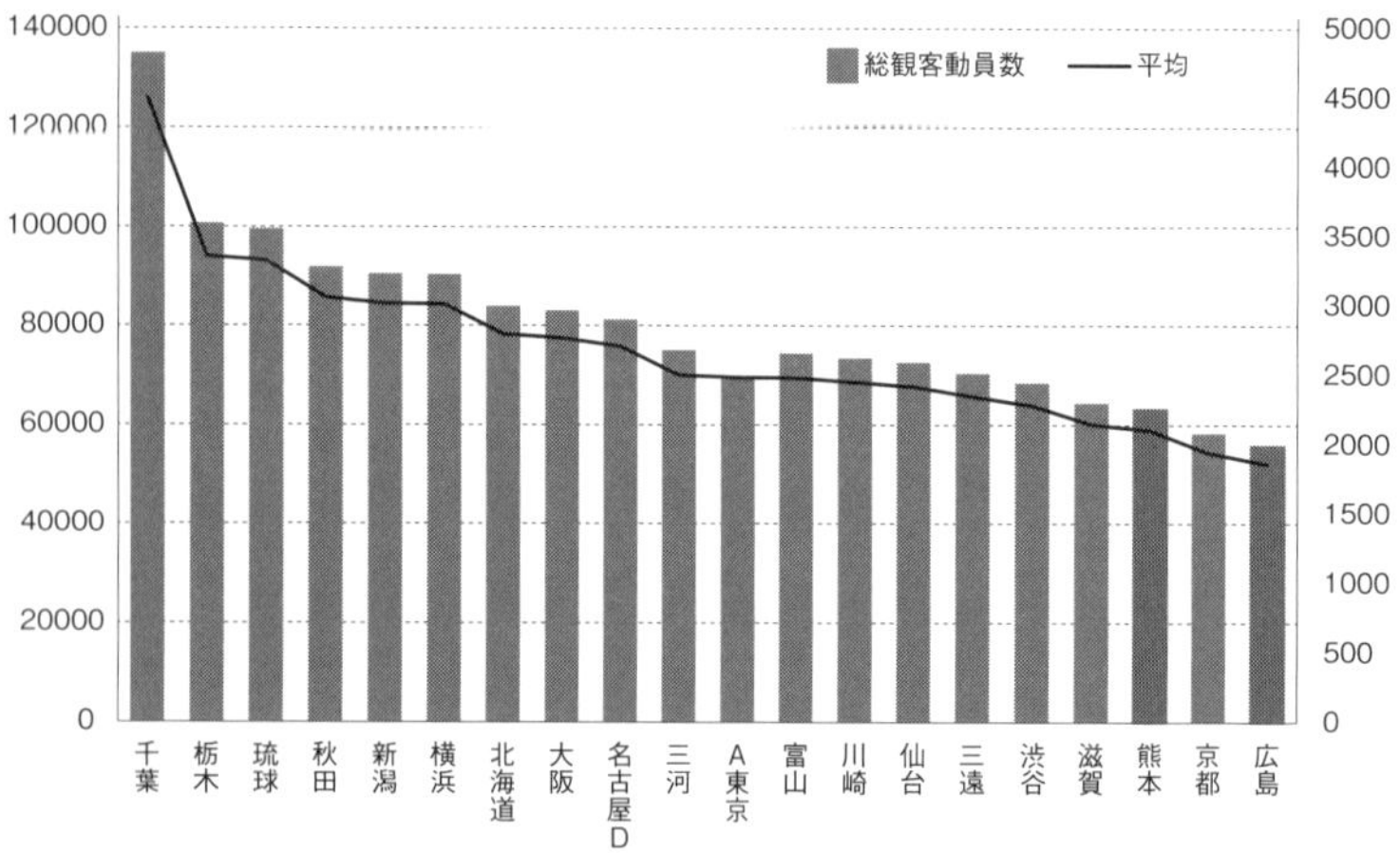

図4－1　2016-17シーズン上位20チーム総観客動員数と平均観客動員数

出典：Bリーグ収支報告書から筆者作成。

注：アルバルク東京は全28試合。

伴ってチケット戦略も変更した。創設当初は数種類しかなかった座席の種類を19種類に増やした（**表4-3**）。そうすることによって、ファンの要望に応えて客単価を上げることに成功し、年間シート購入者も増えた。年間シートの売上は4年目が３００席の３０００万円だったが、５年目は５５０席の５５００万円、２０１９—２０シーズンは８０００～９０００万円の年間シートの売上を見込んでいる。

前章でも述べたが、年間

シートの顧客はプロスポーツクラブにとって重要なファン層である。勝敗に左右されない経営をするには顧客満足度を高めて、コアファン層を創っていくことが重要である。このように地道だが着実にチームの経営を立て直すことを意識してクラブの改革を行った。

表4－3　2018-19シーズンの座席種類

■プレミアBOX・プレミアシート（ホーム・アウェイ）
■ベンチ裏（1・2）列目
■ゴールデンシート（1・2）列目
■カンパイ！広島県シート（1・2）列目
■コートサイド（1・2・3）列目
■コートエンド（1・2・3）列目（ホーム・アウェイ）
■1階（メインサイド・ベンチサイド）
■2階指定席プレミア（大人・子ども）
■2階指定席（大人・子ども・ファミリー）（ホーム・アウェイ）
■2階エリア指定席（親子・ファミリー・子ども）
■1・2階自由席（大人・子ども）
■車椅子エリア（1・2）階（大人・子ども）

出典：広島ドラゴンフライズ公式ホームページ。

■スポンサー営業

次に力を入れたのがスポンサー営業である。初年度からこれに苦しみ、どのプロスポーツでも核となり高額となるユニフォームスポンサーは決まっていなかった。そこにテコ入れし、営業スタッフに力を入れた。トップパートナーは当初10数社だったが、2018―19シーズンではトップパートナー32社、オフィシャルパートナー57社まで増加した。ここでも人材の大切さがわかる。地方都市のプロスポーツの場合、勢いで設立してその後の経営に苦しむ場合が多い。

やはり継続して地域に愛されるクラブになることが目的で、そのためには設立前から入場料戦略とスポンサー戦略が重要である。広島のように、カープやサンフレッチェのような人気球団がある場合は尚更だろう。自分たちの強み弱みをSW

ＯＴ分析◀2などで理解した上で営業をしないと、他のプロスポーツに資金をかけた方が広告効果がある。ドラゴンフライズの場合、新興球団ということで選手やコーチを連動させた営業を行っている。例えば、福山市に本社を置くスーパーマーケット事業を中心に行う株式会社エブリィでは、自社で地域住民と交流を持つために作ったエブリィ体操を選手に踊ってもらい、ユーチューブなどへ配信して会社の認知度を上げている。

選手のＣＭ撮影となると中々大変だが、新規クラブというフットワークの軽さをウリにしてできるだけスポンサーの要望に応えることを重視した。スポンサーへの付加価値を作り、看板や広告だけではない効果が得られる。そうすることでスポンサーとして出資しやすくなる。そのようなプロスポーツクラブならではの価値づくりがこれからのスポンサー営業では重要になる。

■特色ある後援会組織とファンクラブづくりとは

スポンサー営業とともに大切なのが、支える人たちの創出である。そのために重要なのが後援会組織とファンクラブの充実である。日本では、２００４年の球界再編問題以降、ファンの顧客満足とチームへの帰属意識を高めるために、重要視するプロスポーツクラブが増えた。また、ＩＴ技術の発達で顧客データをＷＥＢ上で管理することも可能になり、ＣＲＭを活用する場合にもファンクラブは重要なツールとなった。第2章でも述べたが、創設当初の後援会組織、特に法人会員で地域の核となる人物や組織を抑えておくのは、地方都市では絶対にやっておかなければならないことである。地方都市で経営が上手くいってないクラブは地域で核となる人物や組織と上手く連携がとれていないと、地域全体で支えてもらうビジネスサイクルは生まれてこない。

これらを踏まえて、広島ドラゴンフライズは当初、ファンクラブを個人、法人で分けていたが、2016—17シーズンより、後援会「ドラゴンフライズクラブ」を創設し、より地域の法人との連携を深め、会長をはじめとした役員には、地元の有力企業や自治体の首長などが就任している。このような組織を作ることで、クラブの応援はもちろんだが、後援会から営業先を紹介してもらうなど、地方ならではの横のつながりを活かせる。個人会員の公式ファンクラブも再編し、「CLUB・D」と名称変更。ファンクラブの会員種別・値段は、ゴールドメンバー1万円、レッドメンバー5000円、ブルーメンバー3000円の3種類である。2018—19は、より内容を充実するためにベンチメンバー会員とご当地メンバー会員を開発した。ベンチメンバーは先着15名で、5万円と高額になっている。ただ、ベンチ横のシートに自分の名前が刻印され、毎試合選手との写真撮影ができるプレミア感があり、売り出し後、即完売している。また、ご当地メンバー会員もなかなかホームの試合を見ることのできないファンのために、ご当地ネーム入りタオルをプレゼントし、市外県外のファン増加の工夫をしている。

▼2—— 目標達成するために意思決定する上で、組織や個人が外部環境や内部環境を強み（Strengths）、弱み（Weaknesses）、機会（Opportunities）、脅威（Threats）の4つのカテゴリーで要因分析し、変化に対応した経営資源の最適活用を図る経営戦略策定方法である。

また、２０１８年シーズンから「ＣＬＵＢ・Ｄ」では、ホームゲームへの来場ポイントに広島市経済観光局経済企画課と広島広域都市圏ポイント運営事務局が主導する「広島広域都市圏ポイント」[3]を採用し、ＩＴのサービスツールも充実を図っている。Ｂリーグのほとんどのクラブがこのようなポイント制度を行っているが、自治体との連携事例は少ない。地方都市経済の活性化のためにもこのような取り組みを推進していく必要があるのではないか。

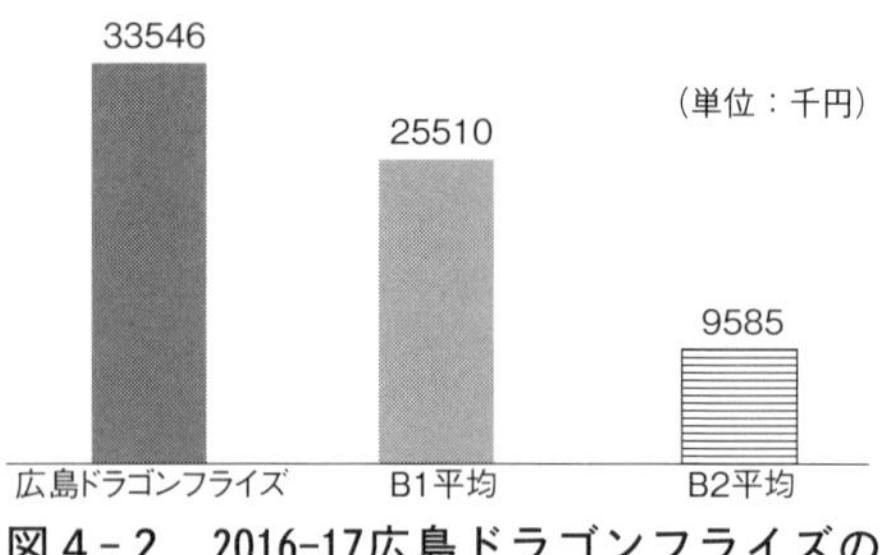

図４－２　2016-17広島ドラゴンフライズのグッズ収入とB1・B2の平均

出典：Bリーグ公式ホームページより筆者作成。

そして、最大の特徴がグッズ販売戦略である。ドラゴンフライズはＢ２リーグで最もグッズ収入を得ているクラブである。**図4-2**を見てわかるように、Ｂ１の平均を上回り、Ｂリーグ全体で見ても、栃木、三遠、千葉に次いで４番目（17-18は5番目）の売上を上げている。

これは、広島東洋カープのグッズ戦略である、在庫を抱え過ぎない小ロットで多品目を自前で制作する方法を参考にしている。広島ドラゴンフライズのユニフォームだけでなく、アパレルやアクセサリーなどの服飾雑貨、コラボレーショングッズなど約１５０種類あり、価格帯は４００円～2万３０００円と幅広くある。また広島東洋カープ、宮島水族館、ＸＬＡＲＧＥ®、東広島市、広島商業高校、福山市とのコラボなどさまざまな地域や企業との連携グッズが販売されている。中でも広島東洋カープとのコラボグッズが最も人気であり、18種類も用意されている。また、カープの人気選手を試合会場へ呼び、試合前のイベントに出演してもらっている。広島のプロスポーツ人気、特にカープを利用し、シーズンがプロ野球とかぶらない特性を活かし、集客につなげている。

一見、なりふり構わない戦略にも見えるが、まずは地域に認知してもらうこととプロスポーツ文化が醸成されている地域性を上手く活かしている。サンフレッチェもそうだが、地方都市のプロスポーツクラブは競合ではなく連携して地域全体でファンに認知してもらうことが必要であり、ビジネスとしてもお互いに協力することによって相乗効果を生み出す。そのような効果が高まると、ファンも質の高いサービスを受けられ、地域のシンボルとして自治体としても経済効果や社会的効果が生まれ、様々な方面で地域に良い効果を生み出すことになるのではないか。

Key Point

・社長自らファンを迎える体制づくりを行う。スタッフのモチベーションを高めるために明確な現状の数字と目標を示し、チームの一員として試合運営に入ってもらう

▼3―― 広島県で多く利用されているICカードPASPY（広島電鉄）、ICOCA（JR西日本）、WAON（イオン）を持っているファンはホームゲームに来場した際、試合会場にある専用端末にICカードをかざすことにより広島広域都市圏ポイントが貯まるようになっている。貯まったポイントは選手サイン会やアリーナアクティビティ、選手サイン入り特別グッズなどに交換できるサービスを行っている。

・スポンサーの付加価値を作り、看板や広告だけではない効果を高める
・創設当初の後援会組織、特に法人会員で地域の核となる人物や組織を抑えておく
・特色あるファンクラブ組織を形成し、後にCRMと連携させ、顧客データ分析を行う
・他のプロスポーツクラブの良い部分を参考に、地域と連携したグッズ戦略を行う

3 B2トップのSNSフォロワー数を始めとした地域密着型の広報戦略

Q 新規クラブの認知度を上げるためにはどんな広報戦略を行えばいいか?

■地方都市のSNS戦略とは?

Bリーグは第3のプロスポーツリーグとして、デジタルマーケティングを推進している。これについてはBリーグ専務理事葦原一正氏の『稼ぐがすべて』(あさ出版)に詳しく書かれているが、CRMを用いた顧客データの分析はもちろん、認知を伸ばすためにSNSを積極的に活用している。

SNSのユーザー数は2018年末の時点で全世界約34億8000万人を突破し、日本国内の利用者数は約7500万人である。その中で、5大SNSと言われるライン、フェイスブック、ツイッ

ター、インスタグラム、ユーチューブは日本でも積極的に利用されている。Bリーグはコアターゲットを若者と女性に絞っており、チケット購入者の約50％が20～30歳代である。そのようなターゲットと親和性の高いSNSはメディアとして非常に有効であり、テレビや新聞のような既存マスメディアの中心は野球やサッカーを取り上げることが多くSNS[4]は新たな広報戦略ツールの柱となっている。それぞれに特長があるが、2017―18シーズンを終えた時点でリーグのSNSフォロワー数が40万人を超え、内訳は、ツイッター約20・2万人、フェイスブック約13・5万人、インスタグラム約6・7万人（2018年4月末時点）となっている。B1・B2を合わせた総観客動員数約250万人（旧リーグから50％増、前年比から約12％増）の要因の1つにSNS活用があるのではないかとリーグは分析している。理由としては、若者や女性との親和性やチケット購入ツールとして有効であったこと（直販WEBサイトに続いてSNS経由の販売が2番目に多かった）、WEBメディアとSNSを連動させたことなどであった。

ドラゴンフライズもSNSを有効活用している。チームのフォロワー数はツイッター約2万人、フェイスブック約1・8万人、インスタグラムが約6500人（2019年4月末時点）とB2リーグトップの数である。広島ドラゴンフライズ企画広報部長の藤田祥仁氏は「この数の増加については、

▼4―― SNSを運営する各社の発表によれば、全世界の月間ユーザー数はフェイスブック23・7億人、ユーチューブ19億人、インスタグラム10億人、ツイッター3・3億人、ライン2・1億人である。国内も見てみると、ライン8000万人、ユーチューブ6200万人、ツイッター4500万人、インスタグラム3300万人、フェイスブック2800万人である。

理由は地味ですが、毎日の更新です。これが当たり前のようですが、他のクラブはなかなかできていません。プロバスケットボールクラブのフロント社員は少数精鋭で業務しています。そうなると、広報だけでなく、他の仕事も兼務しなければなりません。それゆえに、更新が滞ることが多くなります。私は社長の浦が入社する半年前に入社したのですが、その時からクラブに必死でした。浦と一緒に考えた時に、まずお客様に認知してもらうことを心掛けて更新をしてきました」と述べている。[5]

ドラゴンフライズは3年目の経営危機から、このような地道な努力をしている。更新内容は、バスケットボールのルールを知らない人でも分かる内容、特に試合以外の選手の日常や練習風景などオフショットを多く入れ、身近なクラブを演出している。このことについて藤田氏は「試合を見に来るほとんどの人たちが私たちのことも知りませんし、バスケットボール自体も知りません。そのような人たちには選手の横顔やルールなどを分かりやすく説明することに注力しました。また、広島はプロスポーツ観戦が大好きな土地柄です。私どもの分析では、カープ、サンフレッチェ、ドラゴンフライズのファン層は重なっていると考えています。だからこそ、競技は違えども広島のチームとして応援してもらえる土壌を作ることを意識しています」。

実際に2018年度の広島ドラゴンフライズの観客の年代をみると、10代以下：約3・3％、20代：約16・9％、30代：約29・3％、40代：約34・3％、50代：約14・1％、60代：約1・9％、70代：約0・2％となっている。男女比率は女性が約56％、男性が約44％である。私も実際に会場で30～40代の女性客を多く見かける。これは第2章で私が分析したカープの核となるターゲットとも重なる。

■地方ならではの広報戦略

ゆえに藤田氏はSNS戦略だけではファンを広げられないと述べる。「SNSの戦略も重要ですが、私どものような地方都市のクラブはもっと地域に根付かなければなりません。B1の都市圏の人気クラブでは、SNSで拡散すればイベントなどの反応は良いと思いますが、私どものような小規模クラブではまだまだです。ゆえに地域の方々とリアルなつながりやふれあいが大切となると考えました。私が入社当時から力を入れたのは地域貢献プロジェクト『バスケでつながる風景プロジェクト』です。これはクラブスローガンである「広島に、バスケでつながる風景を」をベースに、シーズン中でも選手がバスケ教室や学校訪問を行っています。このプロジェクトがファンの方にクラブを認知していただき、会場へ少しずつ足を運んでもらうきっかけになったのではないかと感じています」。

ドラゴンフライズは2018―19シーズンにバスケ教室40回、PRイベント40回、学校訪問30校、地域イベント15回、挨拶運動15回、啓発運動10回、合計150件の活動を行っている。福山大学も地域の社会福祉法人などと連携し、学生主体で障がい者向けのバスケットボール教室や商店街活性化のための空き店舗イベントを選手やクラブスタッフと共に企画実施した。とても好評で、地域の方々に喜んでいただいた。また、クラブは広島県出身の元選手で薬剤師の資格を持つ異色の経歴の岡崎修司氏をクラブアンバサダーとして起用し、プロジェクトや広報戦略の強化も行っている。

▼5―― このインタビュー調査は藤田祥仁氏に対して、2019年6月8日に広島ドラゴンフライズ事務所で実施した。

このプロジェクトにはスポンサーもつけており、特にドリームカードパートナーはこのプロジェクトに参加した小・中学生をホームゲームに招待する。スポンサーには観戦後、小・中学生から感謝の手紙が届き、広告だけではなく、社会・地域貢献に寄与する価値も含まれている。現在、地域貢献や社会貢献はプロスポーツクラブとして当たり前になっているが、何のために行っているのか、クラブ、スタッフ、選手ともにわかっていないと行き詰まる。特にシーズン中の選手には負荷がかかる。ドラゴンフライズはそれを体系的に行い、クラブのブランドイメージを上げた。また、クラブはスクール事業も精力的に行っている。現在、20校約５００人で将来的には広島県各地に30校１０００人を目指している。

しかし、Ｊリーグに比べ、育成の部分は確立されていない。競技面ももちろんだが、経営的にも子どもの頃からドラゴンフライズを意識してもらうことは重要である。そういう意味では、独自の育成システムを確立しているサンフレッチェ広島に学ぶところは多い。カープのグッズ戦略のように良い部分を吸収して、独自の育成システムを確立することで、長期的なクラブの広報戦略にもなる。

■地元メディアとのリレーションシップの大切さ

もう１つ地方都市の広報戦略として重要なのが、地元メディアとのリレーションシップである。ＳＮＳに代表されるＷＥＢメディアも重要だが、地方都市はまだまだ新聞社やテレビ局の影響力が強い。広島はそれが顕著で、ゴールデンタイムは広島東洋カープの試合中継がほとんど放送されている。他の地域では巨人中心システムが崩壊し、プロ野球中継はBSや専門チャンネル、もしくはインターネット中継で見るのが主流になった。しかし、広島は中継の平均視聴率が20%を超え、優勝が決まる試合は60%台という驚異的な数字を叩き出す。また、球団も苦しい時代にたる募金などで助けもらった恩がある。特に地元の中国新聞はカープとの結びつきが強く、選手の移籍情報などはどの媒体よりも早く情報を流し、市民に親しまれている。これはドラゴンフライズやサンフレッチェも同様で、地元メディアとの関係は大切にしている。

プロスポーツ文化が浸透していると、新聞の紙面やニュース番組で取り上げてもらえ、認知度が上がる。浸透せずに苦労するクラブは多い。そのためには常に記者へ情報提供することである。また、情報の出し方にも気をつけなければならない。試合に関することも大切だが、重要になるのは大学と連携してスポーツ教室を行うなど、地元と連携した企画である。試合に関することは勝っているときはいいが、負けが多くなるとメディアも報じにくい。地域貢献活動なら付加価値のついた情報になり、報じやすくなる。ドラゴンフライズの場合はまさに「バスケでつながる風景プロジェクト」である。試合関連以外の情報を提供すると、地元メディアとの信頼関係ができ、応援してもらえるようになる。クラブに密着する番記者がつき、より深い取材を行ってもらえるようになる。地元メディアもインターネットメディアの影響力が強くなる中で、地元のプロスポーツ情報は自社のキラーコンテンツとなる。実際に、広島のマスメディアにとってカープをはじめとしたプロスポーツクラブはキラーコンテンツになっている。

このようにプロスポーツクラブはＳＮＳだけでなく、地元メディアとも上手くリレーションシップを構築し、独自の広報戦略を行っていかないとクラブの認知度は上がらず、地域での盛り上がりがかける状態になってしまうのではないか。

Key Point

・ＳＮＳの基本戦略は毎日、更新し、鮮度の良い情報を上げること
↓クラブにとって当たり前であることが、ファンには当たり前ではない
↓ファン層を分析し、わかりやすい情報提供を心掛ける。
・地域貢献や社会貢献プロジェクトは地域の認知度を上げることに有効
↓ただ、やみくもに行うのではなく、クラブのミッションやビジョンに対して体系的に活動を行う
　クラブ、スタッフ、選手が一体となり、活動を行うことが重要
・スクール事業は競技面だけでなく、将来的なファンになってもらうことも意識する
・リレーションシップを構築することは重要であり、双方がつながることで地域にもプラスになる

4　広島型のアリーナ戦略

Q　新規クラブはすぐに新アリーナ建設を考えなければならないのか？

■ドラゴンフライズのアリーナ現状とコアファン層を定着させる重要性

最後に、この章でも器の話を述べたい。ドラゴンフライズがメインアリーナとして使用しているのは、広島サンプラザホールである。広島市西部にあり、1985年（昭和60年）に開設された。収容人数は6052人。内訳は固定席（2階スタンド）3040席、可動席3000席、車椅子対応12席で、B1リーグに所属できるホームアリーナ5000人以上の要件は満たしている。

ただ、（公財）広島市文化財団が運営しており、広島ドラゴンフライズは指定管理者ではない。この指定管理の指名を受けるか受けないかで大きくビジネスが変わる。施設の看板広告、VIPルーム、飲食などは全て施設側の取り分になってしまう。この施設はコンサートやイベント利用も多く、クラブが土日に試合開催できず平日の試合が多くなり、観客動員数が伸びないこともある。

施設も老朽化が進み、演出面でも困難が多い。前述したが、プロバスケットボール特有の音楽やチアリーディング、コート全面にLEDライトを利用するなど派手な演出はできない。これは広島に限ったことではなく、開幕して日の浅いBリーグの中で、アリーナを自由に使ってビジネスができるのは大阪エヴェッサの舞洲アリーナだけである。

ただ、新しい器を広島に作ることは熟慮しなければならない。カープやサンフレッチェと比較して歴史が浅く、コアファン層を獲得できていないからである。図4-1を見てわかるように、B2の観客動員数は熊本に続いて2位だが、B1を合わせると20位である。

2018―19シーズンには平均観客動員数が2000人を超えているが、Bリーグ全体ではまだまだ動員数が伸びていない。プロスポーツクラブのコアファン層による年間指定席の収入は非常に大きい。成績に関わらない安定収入になる。また、そのようなファンはシーズン最後まで応援してくれる傾向が強く、消費行動も高い。もちろん、ライト層をリピーターにする方策も必要だが、コアファン層のニーズにしっかりと応えることが経営を安定させる。後述の浦氏のインタビューでも出てくるが、現在約1000人のコアファン層を倍の数に増やすことでようやく新アリーナを考えられる。

そのためには、ファン層の分析と目標設定が必要である。浦氏はこの観客動員数と売り上げ目標を明確化しており、そのプロセスとしてファン戦略とNOVAとの提携がある。このような目標からの逆算でコアファン層を定着させないと、いくら良い器があっても機能しない。クラブは最大限の経営努力をし、既存の体育館ではファンが収まりきらずにサービスの限界に達し、地域のシンボル機能も担っているという状況を創り出し、次のステップとして新アリーナを建設することが理想である。

そのような状況を創り出すことを前提に、長期的な視点ではBリーグもビジネスをする器は大切である。それに気づき、前述したサッカースタジアムとともに、アリーナ改革のガイドラインをスポーツ庁も示し、推進しようと考えている。

■事例：ゼビオアリーナとアオーレ長岡

日本の先進事例としてよく取り上げられるのが、ゼビオアリーナ仙台である。スポーツ用品大手のゼビオグループが仙台市と定期借地権を20年契約で結び、建設費約30億円をかけて2012年に開業した。運営はゼビオが中心となり、地元スポーツチーム、コンサートプロモーター、広告代理店、照明運営会社など全14社が連合体となった「ゼビオアリーナ有限責任事業組合」（LLP）が担う、民間企業が設立し行政などと共に運営する「民設共営」方式になっている。また、隣接する土地にはゼビオのスポーツ用品店、フィットネスクラブ、室内テニスコート、屋根付きフットサル場、バスケットボール用ドーム、飲食施設などが併設されており、多機能複合型の要素も持っている。

ただクラブの経営からすると、アリーナの良さを活かしきれていない。仙台市を本拠地とする仙台89ERSはbjリーグ設立初年度の2005年から参戦しているが、運営会社である仙台スポーツリンクは初年度から赤字が続いた。2007―08年シーズンに地区優勝するなどして少しずつ観客動員数を増やしたが、11年に東日本大震災で経営の岐路に立たされた。また12年にゼビオアリーナが開業したが、それまでの仙台市体育館からいきなり本拠地にするわけにもいかず、4000人収容のアリーナだったためにB1リーグの基準を満たさなかった。2016―17シーズンにチーム状態が良くなく、B2に降格して2017―18シーズンは約2200万円の赤字を出した。

その後、ようやくゼビオアリーナがゴール裏に1000席を増設する計画に目途が立ち、2018―19年シーズンからホームアリーナとして利用できることになったが、運営会社は赤字経営を脱却するために、このシーズンからサプリメントの製造・販売を行うボディプラスインターナショナル社に譲渡され、新体制となっている。このようにクラブは良い器を持ったとしても短期、中期、長期のファン戦略を考えアリーナを使用しないと経営は安定しない。また、本拠地の移行を考えるならば、ますます、アリーナビジネスを念頭に置いた経営をしなければならない。

もう1つ新たなアリーナの事例として、新潟アルビレックスBBの本拠地長岡市シティホールプラザアオーレ長岡も注目されている。民間ではなく行政主導型であるが、市の機能を駅周辺に集め、市街地の空洞化問題にアリーナを有効活用している。長岡駅前に隣接する「まちなか型」で、長岡市が市役所機能と市民交流の拠点施設を集約して、2012年4月に開設した。

施設は市役所本庁舎、市民交流ホール、そしてアリーナがあり、「ナカドマ」と言われる交流施設もあり、建設費は約120億円であった。屋根には太陽光発電パネルが設置され、雨水や融雪水を循環して使用できる雨水中水化システムを備え、環境負荷の低減を図っている。建物空間のデザインは建築家の隈研吾氏が行い、長岡の歴史や特産品が採用されている。外装部は長岡城の市松模様をモチーフとし、地元産のスギ材で作ったパネルを外壁に張り付けている。この市松模様は、行政と市民がより緊密に連携するコンセプトの象徴になっている。

屋根付き広場空間ナカドマは日本建築の土間の概念を取り入れ、仮設ステージや移動販売車、屋台などの設営が可能で、中央部に大型映像装置があり、スポーツイベントのパブリックビューイングなど多様なイベントができる。アリーナの収容人数は約５０００人で、バスケットボール３面、バレーボール４面、バドミントン14面、テニス３面、卓球16台、フットサル１面が利用できる。またナカドマに面した大開口部を開くと、マエニワ・ナカドマ・アリーナに至る一体的な利用もできる。実際に私も観戦したが、駅から直結でアクセスが良く、市役所とナカドマなどコンパクトにまとまっており、イベントなども利用しやすく多機能的に活用できると感じた。年間稼働率も約90％でよく機能している。ただ、こちらもクラブ経営の視点からみると、長岡市やアリーナを運営するＮＰＯ団体などのステークホルダーとより連携し、長期的な戦略が必要ではないかと考える。

新潟アルビレックスＢＢは１９９９―２０００シーズンを最後に休部した大和証券バスケットボール部をアルビレックス新潟グループが受け入れ、２０００年からＪＢＬやｂｊリーグで活動してきた。メインアリーナも新潟市に置き、朱鷺メッセや新潟市東総合スポーツセンター、新潟市鳥屋野総合体育館などを利用しており、新潟市のクラブとしてのイメージが強い。クラブとアリーナの関係についてアルビレックス新潟グループでＪＡＰＡＮサッカーカレッジ学校長兼アルビレックス新潟シンガポール取締役の中村勉氏は「長期的に見れば、新潟市にホームタウンを置くＪリーグのアルビレックス新潟とすみ分けができてよかったと感じています。長岡市は非常にアルビレックス新潟ＢＢに友好的でバスケットボールでのまちづくりを考えています。アオーレ長岡は日本でも有数の機能的で集客力のあるアリーナですし、クラブとしてもより長岡市と連携していけばアリーナを中心としたスポーツでのまちづくりが実現できるのではないかと感じています」と述べている。[6]

アルビレックスＢＢは２０１６―１７のＢリーグ創設年からアオーレ長岡をメインアリーナとして興業を行ったが、４１８６万円の赤字を出してしまう。[7] ２０１７―１８シーズンでは黒字化し、少しずつ長岡市に浸透、シンボル機能を担う存在になりつつある。新潟県第2の都市である長岡市とアオーレ長岡のポテンシャルをより活かせば売り上げを向上させることができる。

長岡市も本拠地移設に伴い、市の総合戦略に「バスケによるまちおこし」を掲げている。長岡市ＨＰによると新潟アルビレックスＢＢ×市民×企業×行政が一体となった「オール長岡」体制で、市域全体の活性化やプロモーションを支援し、Basketball City NAGAOKAを目指すと記述されている。そのためには将来的にクラブは試合の興業だけでなく、アリーナビジネスへの参入も必要ではないか。

Ｂリーグも全国各地でアリーナ構想はどんどん増えていくと考えられるが、建設前から運営戦略はしっかりと考えないといけないし、クラブも指定管理者制度等の受託などを受けて、営業権を取得してビジネスを広げる、もしくは共同運営行きを考えなければ試合の興業だけになってしまい、経営が行き詰まる。自治体としても建設後に効果の見えないハコモノを作ることは許されない。実際にバブル時期に作られた公共施設が赤字続きになり、運営者を公募しても集まらないケースが多々ある。

■注目される沖縄市1万人収容のアリーナ構想

私が現在注目しているのが、沖縄県沖縄市の取り組みである。Bリーグの琉球ゴールデンキングスの本拠地・沖縄市体育館があり、1万人収容の多目的アリーナを建設予定である。琉球ゴールデンキングスは人気・実力ともにトップクラスで、Bリーグの平均観客動員数は約1500人だがキングスは3000人を超える。いつも満員御礼状態で、沖縄独特の応援スタイルとアメリカ文化を上手くミックスさせ、独特のプロスポーツ文化と興業を根付かせている。

アリーナは2020年完成予定で、総工費は約170億円と見込んでいる。沖縄市の整備計画資料を見ると、このアリーナでしっかり稼ぐことを意識しており、ゴールデンキングスの使用日数は60日、残り300日をコンサートや展示会に使用し、稼働率を上げていく。目指すのは米リーバイススタジアムのようにICTを活用したアリーナである。スマホを試合情報だけでなく、アリーナを核とした飲食、宿泊、文化活動などとも連携させ、街全体の経済効果を高める。まさに、人とまちをつなげる器を意識している。

▼6――　このインタビュー調査は2019年6月12日に中村勉氏に電話で実施した。

▼7――　2018年11月決算報告の会見で大河正明チェアマンは、決算方法が以前より厳しく、債務超過も増資と新しいスポンサー収入の見込みがあり、現時点で債務超過も解消していると説明した。

■キャンプ地の経済効果

沖縄県はすでにプロ野球球団を初めとしたキャンプ地のイメージが強く、実際に経済効果も出ており、スポーツビジネスを活性化する下地はすでにある。日本では、沖縄と宮崎が2大キャンプ地になっているが、プロ野球キャンプの聖地といえば宮崎県である。1959年に巨人がキャンプを始めてから、現在は1、2軍合わせて7球団がキャンプを実施している。

宮崎県の発表[8]によると、2017年度の経済効果は126億6000万円（前年比12％減）とアメリカには及ばないが、大きな成果を挙げている。注目したいのはプロ野球だけでなく、Jリーグや韓国野球の球団などもキャンプを行い、ブランド力を上げていることだ。これが2次的効果にもつながり、企業や大学スポーツチームの多くが合宿地として宮崎の施設を利用している。

そんな1強状態だった宮崎県に待ったをかけたのが沖縄県である。1978年の日本ハムファイターズをきっかけに多くの球団に選ばれ、現在、9球団が実施している。りゅうぎん総合研究所によると、[9]2018年のキャンプによる経済効果は122億8800万円（前年比12・1％増）である。15年にスポーツコミッション沖縄を設立し、各ステークホルダーを結びつけ、スポーツツーリズム事業の多様化を図っている。

このビジネスモデルはすでにMLBにもあり、有名なのがドジャースやエンゼルスがキャンプを行うアリゾナ州である。元々メジャーリーグでは、1957年にドジャースなどが西海岸へ本拠地を移すまで東海岸のチームが多く、フロリダ州のキャンプが多かった。その後、メジャーリーグの球団拡張から生まれたアリゾナダイヤモンドバックスが設立された90年代後半、アリゾナ州がスポーツのまちづくり推進のため乾燥地帯で開拓が困難であった土地を開発し、キャンプ誘致を積極的に行った。その結果、メジャーリーグ30球団の内、半分の15球団の誘致に成功した。アリゾナ州のカクタスリーグのキャンプによる経済効果は民間の統計によると、約600億円（フロリダは約800億円）と言われ、州外からの経済効果がとても大きい結果となっている。

沖縄県はアリゾナのようにキャンプをきっかけにスポーツツーリズムで経済効果を出し、現在、プロスポーツにも力を入れている。琉球ゴールデンキングス以外にもJリーグのFC琉球は2023年度にJ1規格のスタジアム整備基本計画（場所は那覇市の奥武山公園陸上競技場に2万人を収容予定）があり、スポーツファシリティ整備にも力を入れている。

■まちづくりとアリーナ

このように沖縄県は経済効果やまちづくりを含めて、スポーツを有効活用している。その背景には、観光産業が主な産業として伸びており、雇用促進も含めて喫緊の課題としてある。

広島も広島東洋カープの本拠地が広島駅近くに移転したことで、広島駅周辺（南区、東区）の再開発

▼8―― 宮崎県ウェブサイト（http://www.pref.miyazaki.lg.jp/kanko-suishin/kanko/miryoku/20160530161246.html）より引用。

▼9―― りゅうぎん総合研究所「沖縄県内における2015年プロ野球春季キャンプの経済効果」、2015より引用。

が進んだ。そしてサンフレッチェは元々、カープが本拠地としていた広島市内の中心部（中区）に新スタジアムを建設予定で、中心市街地の更なる活性化を期待されている。

広島ドラゴンフライズの本拠地は現在、世界文化遺産の厳島神社がある廿日市市と隣接する西部（西区）に位置している。広島市は市内中心部の平和公園がある一帯と宮島を結ぶ役割として、西部エリアをＭＩＣＥ（Meeting（会議・研修・セミナー）、Incentive tour（報奨・招待旅行）、Convention または Conference（大会・学会・国際会議）、Exhibition（展示会）の頭文字をとった造語で、ビジネストラベルの1つの形態）推進エリアとして考えている。その中で、広島ドラゴンフライズも役割を担って、新アリーナ建設を市と一緒になって考え、経営陣も長期的な構想を描いている。

地方都市の新興クラブ経営は苦労も多いが、地道ながら与えられた資源で最大限の努力をし、土台をしっかりと作る喜びもある。後述する浦氏が考える従来の考えに縛られない地域密着と、大企業からの投資を受けるハイブリッド型の経営もこれからの形として考えられるのではないか。

Key Point

・建設をすぐに考えるのではなく、コアファン層をしっかりと定着させる努力をする
　↓ファン層の分析と目標設定の明確化が必要
・建設するステークホルダーと良好な関係を築き、将来的にアリーナビジネスに参画できる体制づくりを行う

・アリーナを核として飲食、宿泊、文化活動などとも連携させ、街全体の経済効果を高める
↓人とまちをつなげる器を意識する
・新規クラブは経営することは苦労も多いが、地道ながら与えられた資源で最大限の努力をし、土台をしっかりと作る

インタビュー

常に満員試合となるための価値を創造する

株式会社広島ドラゴンフライズ
代表取締役社長兼ゼネラルマネージャー

浦　伸嘉

元プロバスケットボール選手で38歳の若き経営者。新しく立ち上げたプロスポーツクラブ経営の面白さと難しさについてうかがった。

――まず、プロスポーツクラブを運営されている中で、広島の市場に対してどのような印象を持たれていますか？

一番、強く感じているのはマスメディアに取り上げられる回数の多さです。他の地方都市と比べてプロスポーツを取り上げてもらう回数や時間は多いと思います。これは広島ならではだと思います。我々は2部リーグのチームですが、試合があれば必ず夕方のニュース番組で結果を流してもらえます。広島のマスメディアさんにクラブの価値を上げてもらっています。

プロフィール
1980年生まれ。広島市出身。大阪商業大学卒。プロバスケットボール選手として2005年に新潟アルビレックスに入団。2007年に引退後、スポーツ関連会社を設立。
2016年から株式会社広島ドラゴンフライズの代表取締役社長を務めている。

それと比例して、広島県民の関心度の高さもあると思います。メディアも視聴者の関心がなければ取り上げないと思いますし、県民にプロスポーツが根付いていることがよくわかります。

―その市場で歴史のある広島東洋カープやサンフレッチェ広島についてはどんな印象をお持ちですか？

マスメディアの強さを構築したのは、やはりカープさんだと思います。プロ野球12球団の中で、ニュースで取り上げられて地名が出るのは広島だけです。他は企業名で呼ばれます。これは地域にプロスポーツクラブが根付くのに大きく影響していると思います。70年間、大資本がない中で地域に密着しながら地道に経営を続けていらっしゃる賜物ですし、私たちもその恩恵を受けています。だからこそ、私たちの試合会場でお客様にスタジアムＤＪが応援で一番何を叫ばせるかと言うと、ドラゴンフライズではなく、「広島」です。私たちは「広島」を応援していると感じてもらえる経営を考えています。

カープさんも同じで「広島のカープ」を応援しているんだと感じています。松田元オーナーも広島のためにという視点から経営され、非常に学ぶ部分があります。サンフレッチェさんも広島を意識しながら、エディオンやマツダという大企業からサポートを受け、あれだけの育成システムを構築されています。この2球団から学ぶものは多くあると思いますし、共闘して広島のプロスポーツ市場を大きくしていきたいと思っています。

―広島ドラゴンフライズはどのような経営を目指しているのでしょうか？

私たちはカープさんとサンフレッチェさんの良い部分を抽出したハイブリッド型の地域密着型球団を目指しています。市民球団の経営手法と大企業から意義ある投資を受けながらの球団作り、我々はこれを上手く

©広島ドラゴンフライズ　2019

融合していきたいと感じています。

2018―19シーズンにNOVAホールディングス株式会社の子会社になりましたが、どの企業でも良かったわけではありません。私たちの理念に賛同し、共に成長していける企業と提携しました。NOVAさんは教育を核に世界各国の企業と提携しています。そのような企業と提携することで、お互いの事業を伸ばすシナジー効果を期待しました。例えば、バスケと英語レッスンを掛け合わせた教育や留学プログラムなどです。これまで景気が悪くなると大企業は球団の支援から撤退しました。しかし、球団に価値があれば、支援ではなく投資として考えてもらえると思っています。

このような経営形態にすることで、カープさんが約70年、サンフレッチェさんが約30年掛かってきたものを、より短い時間で達成できるのではないかと感じています。そういった意味では、広島の中で、新しい地域密着型球団の在り方で経営をしていきたいと感じています。

—全国的にプロスポーツクラブが多く立ち上がり、Bリーグも多くクラブ設立が行われました。一見、盛り上がっているようですが、実際の経営は苦しい部分も多いと思います。地方都市のプロスポーツクラブを運営する上で、どういったところに難しさや課題があると思いますか？

ここまでプロ野球などはチームの勝利を追い求めることを必然として、経営されてきました。一方で経営のことを考えると、予算を立てて適正なチーム人件費を考えれば黒字が出ます。しかしチームに魅力がなければ、売り上げも伸びません。ただ、最大限の投資をしていい選手を獲っても、観客が倍になるわけでもありません。この勝利と経営のバランスをどのように取るかが一番、難しいところです。

現場は勝利を追い求めて、強化と育成を一番に考えるのは当たり前ですが、経営は全体を見ないといけません。そうなると、強化と育成の環境や設備投資は非常にコストがかかります。特に地方都市は資源に限りがあります。だからこそ、先ほどのハイブリッド型の経営を行い、運営の環境を整えて、売上を上げながら、チームの強化も行いたいと考えています。このバランスは非常に難しいですが、良い投資をしてくれる企業と組みながら、地域密着を考えていくことがこれから大きなポイントになると感じています。

—スポーツに投資する企業も増えてきています。プロスポーツの価値は上がっているのでしょうか？

今回、ＮＯＶＡさんと提携しましたが、プロスポーツの価値を理解して投資していただいたと思っています。これはスポーツの価値が上がっているからだと思います。なぜかと考えると、色々なものが便利になっていますが、最終的に人間が求めるものは感動だと思います。それはフィクションでは、得ることができず、生ものでしか得ることができません。その最たるものがスポーツだと感じています。テクノロジーが進めば進むほど、逆に人間は生ものの感動を追い求めます。泥臭く感情むき出しの、筋書きのないドラマはスポーツでしか味わえません。

私たちは先の見えない非常にストレスの多い時代を生きていますが、あと2秒で試合が決まるという場面のシュートなど極限の試合を見ている時、観客は日常を忘れてストレスフリーの状態になります。そのような状態は非常に心地がよく、その体験を繰り返したいからこそ、会場へ足を運んでくれます。東京オリンピックが終わってからもスポーツの価値はますます高まると思います。私どももその価値に気づいている企業さんと連携しながらカープやサンフレッチェさんに追いついていきたいと考えています。

―負債を抱え、売り上げも伸びない中、経営を立て直すのは大変だったと思うのですが、どのようなことを考えながら社長へ就任されたのでしょうか？

就任については、非常に悩みました。ただ、私は就任前にバスケットボールの価値づくりの仕事をしていました。そこで感じたのが、例えば野球でいうと甲子園で優勝するとプロのドラフト1位には契約金1億円の価値が付きます。しかし、バスケットボールで日本一になってもその価値はつきません。いくら現場で頑張ってもその価値が向上しない限り、バスケットボールの未来がないと感じました。

ゆえに、非常に難しいと思いましたが、その価値を向上させたいと感じて受諾しました。2億2000万円の負債と1億6000万円の債務超過がある中で、社長を誰も引き受けない状況でした。就任当時はリーグが2つに分かれておりましたが、1つのしっかりとしたプロリーグができれば、「やっていけるぞ！」と感じていましたし、たとえ失敗しても、この挑戦をしないよりしたほうが、自分も納得できると思っていました。そして、就任してからの課題は明確で、それまでの試合運営は競技者やその関係者目線でしか運営していなかったことが問題でした。確かにバスケットボールの技術はトップレベルにあるのかもしれませんが、いらっしゃいませの一言もなく、サービスのレベルは最低でした。

最初は試合を興業にすることと認知度を高めることに力を入れました。まず、競技大会から興業にする。チーム、エンターテイメント、ホスピタリティを意識した試合運営をしなければ、これだけ娯楽がある中で勝ち残っていけません。その上で、認知度を高めることを優先して行いました。

認知が進まないと購買もしてくれません。だからこそ認知に力を入れて、今ではSNSのフォロワー数はB2で1番の数を誇りますし、地元のメディアさんとの連携も地道に行いました。スポンサーからもお金だけでなく、認知を高める活動や物資、様々なことで支援をいただきました。例えば、広島電鉄さんにはチームのロゴを市内電車にラッピングしてもらいました。そうして、地域の認知度を高めていきました。

―観客動員数も右肩上がりになり、収支も改善されてきました。そのプロセスを教えてください。

このビジネスで一番価値があると思うのが、アリーナが満員になることです。1万人収容のアリーナに観客が9000人いるのと、4000人収容のアリーナが満員になるのと、どちらに価値があるかと言えば、後者だと考えています。満員状態であれば、チケットの価値は高まります。まさに広島東洋カープがその状態であると思いますが、常に満員でお客様に試合を見に行きたいと思える価値創造をしていきたいと考えています。満員御礼状態を作ることによって、お客様に色々と想像してもらうことができます。今シーズンは2回ほど達成できましたが、そのような集客ができてチケットの価値が高まると、次にスポンサーの価値も高まります。注目されているところには広告の価値があり、お金を出したいと考えます。

認知の次が集客で、常に満員を目指しています。現在、千葉ジェッツが注目され、チームも強いですが常にアリーナが満員状態です。これは売り上げと比例します。観客動員数はそこそこあるが、満員状態ではないチームは売り上げが伸びていません。動員数も大切ですが、動員率が重要です。

弊社も現在のアリーナの収容人数が４０００人で、毎試合満員を目指して努力しています。そして今、集客から購買を高めてもらうためにチケット部門を強化しています。私どものコアファンは約１０００人くらいです。これを拡充するために、泥臭いですが、会社の福利厚生で試合に来てもらうなどの営業をしなければなりません。このような活動が実を結ぶと満員状態を作れるのではないかと感じています。

―そうなってくると、将来的にビジネスをする場として、バスケットボールの専用アリーナが必要になってくると思います。アリーナについてはどのような考えをお持ちですか？

満員状態を作りたいのは次のステップとして専用アリーナを建設したいと考えているからです。最終的にはお客様目線の最高のハードがないと、どれだけチームが強くてもビジネスを展開する上で非常に厳しい。現在の本拠地では、演出などに限界があります。ＮＢＡを見ればわかるようにまさにエンターテイメント産業です。そして、アリーナビジネスとして核となるＶＩＰルームに力を入れていきたいです。ＮＢＡボストン・セルティックスの本拠地ＴＤガーデンは古いアリーナですが、現在2段でＶＩＰルームを作るように改修しています。そこで商談や会合をしてもらい、アリーナの価値を高めていると思います。

日本でも吹田スタジアムやゼビオアリーナなど少しずつできていますが、そこをバスケットボールだけで運営するには限界があるので、私の目標としては広島らしさを売りにして年間利用してもらえるようにしていきたいです。世界的にも認知度の高い広島という土地をＰＲして、企業や有名タレント、クオリティの高いイベントなどに、広島で活動すること自体が社会貢献活動となるような仕掛けづくりをしていきたいと考

©広島ドラゴンフライズ　2019

えています。それは同時に広島のまちづくりにも貢献できるとも思っています。このような大きな目標を達成するためには、多くの方々にアリーナ建設への強い思いを共有し、共感してもらい、２０２３年までにアリーナ計画を立てる必要があると思います。そのためには、チーム強化ももちろんですが、今はフロントスタッフの強化に力を入れていきたいと考えています。

―これから、フロントスタッフを目指す若者にはどのようなことが必要になるでしょうか？

プロスポーツクラブはアイディア勝負で何でも商品を作れます。今の時代はアリーナの広告看板を売るだけではなく、新しい価値を創っていくことが必要だと思います。そういう意味では、まずは創造性がある人が向いていると思います。そのようなことを含めて、弊社の企業理念は「GRIT for the moment」を掲げて、粘り強くあきらめない姿勢、そして、広島や地域のためにという精神で仕事をしたいと考えており、それに共感していただける方と働きたいです。

私はビジネスで最後に勝つのは粘り強い人だと考えています。スポーツビジネスはステークホルダーが多く、粘り強く長期的に関係構築をしていかなければなりません。それは大変なことですが、返ってくるものも大きいです。どれだけ、ビジネススキルが高くても、信頼関係を構築できないと失敗に終わることが多いです。非常に夢のある仕事ですが、泥臭い部分も多いのがフロントスタッフです。真面目で丁寧に粘り強く頑張れる人にはどんどんとこの業界に入ってほしいですし、そのような人材が増えてこないと活性化しないと考えています。

（※このインタビューは２０１９年2月25日に実施した。）

第５章

これからの地方都市におけるスポーツマネジメントのキーワード

1　プロスポーツクラブが地方都市に存在する意義

■豊かさの変化とプロスポーツクラブのあり方

ここまで、第1章では地方都市のプロスポーツクラブの現状や広島型のスポーツマネジメント、第2～4章では3つのプロスポーツクラブについて述べてきた。地域の歴史・文化・特色を掴んで経営に反映させ、継続力があったこと。また創設当初は大企業の後ろ盾がなく、独立採算制の地域密着型球団ならではの経営難があったが、逆境を乗り越える力強いアイディアと工夫があった。

そのような成果が目に見えるようになった、マツダスタジアム開設の２００９年という時期も興味深い。地方都市の活性化が特に叫ばれるようになったのは２０１０年代で、２０１４年9月に総理大臣が記者会見で地方創生を発表し、その間にカープの全国的ブームや3連覇、サンフレッチェの３度のリーグ優勝がある。特にカープは全国各地からファンがマツダスタジアムへ集まり、チケットが入手できない問題も社会現象となった。

この状況を生み出したのは、地域とともに歩んだ70年のストーリーと広島型のマネジメントにある。例えばＦＡ選手を多く獲得し、画一的なドーム球場を作って3連覇したら、現在と同じ状況になっただろうか。私はそうは思わない。その理由に、人々が追い求める豊かさの変化が関係しているのではないか。広島のプロスポーツクラブは時代とマッチしたからこそ、今の状況を生み出している。日本はプロ野球が本格的に稼働した1950年代から大量生産・大量消費で高度経済成長を続けてきた。しかし90年代にバブルが弾けると、豊かさの指標であったGDP（国内総生産）は伸び悩む。同時に少子高齢化時代へ突入し、特に地方は持続可能性の危機を迎える。

そうした中で、人々の豊かさの基準も変わってきたのではないか。モノが溢れ、生活レベルが上がると人々は違う豊かさを追い求めるようになる。経済成長とともに進んだ森林伐採や水質の悪化による癒しの損失や生活習慣病による健康状態の悪化などはGDPでは測れない。そこで、新たな指標として「新国富指標」が提唱されている。九州大学大学院工学研究院教授馬奈木俊介氏の著書『豊かさの価値評価』（中央経済社）では、新国富指標は「現代経済の持続可能性を評価するために作られた経済指標」であり、「現在を生きる我々、そして将来世代が得るであろう福祉を生み出す、社会が保有する富の金銭的価値」を指すと述べている。その富は人工資本（工場など）、人的資本（教育など）、自然資本（森林や農地など）をふまえて、GDPより俯瞰的に社会の豊かさを測り、将来の持続可能性を評価する（現在の我々の幸福や福祉を表す指標ではない）。

具体的な分析や指標については割愛するが、収入や高級品など目に見える豊かさではなく多様な側面からの評価が必要な時代だとわかる。私の目からは日本が昔から培ってきた、横のつながりを大切にして新しい価値観や個性を尊重する、多様性に富んだ社会へ変わってきているように見える。

■プロスポーツクラブ＝ソーシャルキャピタル

地方都市のプロスポーツクラブもその変容に気づき、まちと市民をつなぐコミュニティの形成や醸成を担う、いわゆるソーシャルキャピタル（社会関係資本）としての自覚を持たなければならないのではないか。ハーバード大学教授のロバート・パットナムは、著書『哲学する民主主義』（ＮＴＴ出版）でソーシャルキャピタルの概念を「人々の協調行動を活発にすることによって、社会の効率性を高めることのできる、「信頼」「規範」「ネットワーク」といった社会的仕組み」と定義した。

広島ではカープがまさにこの役割を体現している。地域の人々をつなぎ、日常のストレス発散やコミュニケーションツールとして使われている。防犯やがん検診などの社会課題に関しても球場内外でＰＲやイベントを積極的に行い、地域の強力な媒体として役割を果たしている。２０１６年に元カープのエース前田健太（現ロサンゼルスドジャース）がメジャーリーグへ移籍した際、ドジャースから支払われた譲渡金２０００万ドルの内、カープ球団は広島市に5億円、キャンプ地となっている宮崎県日南市と沖縄県沖縄市へそれぞれ1億円の寄付を行った。他球団の事例を見ると、西武ライオンズは松坂大輔の約60億円や日本ハムファイターズはダルビッシュ有の約40億円の移籍金は選手補強などの使用が主であり、球団やチームの利益を上げることが目的である。しかし、カープは違う。自分たちの歴史や球団の立ち位置を考え、自分たちを支えてくれる地域のことを考え、行動している。この行動を考えると、プロスポーツ球団の経営、特に地方都市に本拠地を置く球団は勝敗や利益だけの経営は終焉したのではないか。

地域スポーツを研究する福山大学経済学部経済学科講師中村和裕氏は地方都市のプロスポーツクラブのあり方について「従来のプロ野球型のクラブのあり方は限界に来ており、今は地域に存在する意義を創らなければなりません。国籍、性別、言語を問わずにコミュニケーションが行えるのがスポーツの良い部分です。また、地方創生のツールとしても一定の求心力があります。だからこそ、クラブありきではなく、地域活性化ツールの1つとして考えてほしい。昔のプロスポーツクラブや選手は手に届かない存在だったのが、いまは身近な存在として接することができます。これは実は地域にとって大きいのではないでしょうか。」と述べている。[1]

中村氏のコメントにあるように、一般企業もそうであるが、株主ばかりでなく、顧客、従業員、取引相手、さらには地域住民や行政といったステークホルダー(利害関係者)の利益実現が求められており、特に社会的な影響が大きいプロスポーツクラブがそれを意識するのは当然である。ゆえに勝つことや儲けることだけがファンや地域への恩返しではなく、地域課題に取り組み、地域へ財政的に還元することは長期的な経営判断としても有効である。このような取り組みは成熟したクラブにしかできないかもしれない。だが、地方都市に本拠地を置く意味や意義を考えなければならない。地方都市のクラブ立ち上げやスタジアム建設や改修では多くのケースで税金が投入される。そういった意味でもクラブはソーシャルキャピタルとしての役割認識を考えなくてはならない。

▼1―― このインタビュー調査は2019年6月11日に中村和裕氏に福山大学内で実施した。

■アルビレックス新潟の事例

その役割認識をしてないと2020年東京オリンピック開催を契機にプロスポーツ産業は盛り上がっているが、それが一過性のものになってしまう。やはり、チームやアスリートをサポートし続けるための「継続力」が必要ではないだろうか。継続するには、地域のソーシャルキャピタルとしての認知も必要である。それを体現し、広島と同じように色々なスポーツで、しかも総合型スポーツクラブで運営しているのが、新潟県に所在するアルビレックス新潟グループだ。Jリーグのアルビレックス新潟が有名だが、なでしこリーグアルビレックス新潟レディース、シンガポールのSリーグにアルビレックス新潟シンガポール、スペインのカタルーニャ州サッカーリーグにアルビレックス新潟バルセロナと、計4つのプロサッカークラブを運営している。

バスケットボール関連では、前述したBリーグ所属の新潟アルビレックスBBに加え、女子のWリーグ新潟アルビレックスBBラビッツを運営。その他にも、独立リーグ「ベースボール・チャレンジ・リーグ」(BCリーグ)に新潟アルビレックス・ベースボール・クラブや応援サポートを行うアルビレックスチアリーダーズも、独立組織として積極的にチアリーディングスクールの事業運営を行っている。さらにスキー・スノーボード競技者による「チームアルビレックス新潟」、スーパーFJに参戦するモータースポーツチーム「アルビレックスレーシングチーム」もある。

このように単一種目に限らず、多種目多世代型で総合型スポーツクラブを運営する事例は海外、特にヨーロッパで見られるが、国内にはない。確実に、広島と同じように地方都市でスポーツ文化が根付き始めているといえる。アルビレックス新潟の創始者である池田弘氏は、ＮＳＧグループという学校法人グループを経営し、スポーツ不毛の地と言われた新潟にイノベーションを起こした。このプロセスは著書などに多く書かれているので割愛するが、大切なのは一過性ではなく、長期にわたって地域がいかにスポーツと向き合っていけるかだ。

まだまだ「横のつながり」が残る新潟。前述した無料券をつけた回覧板を回し、後援会を設立したことで、サッカーに関心が薄かった高齢者層へアピールした。地道な戦略を立てることで、スタジアムに足を運んでもらうことに成功した。現在はＪ２に降格し苦しい立場であるが、根強いサポーターが支えている。本気で戦略を立てて、取り組めば、不利な要素があっても克服できる。

■試合の興業以外でビジネスをする方法

今面白い取り組みを行っているのが、新潟アルビレックスランニングクラブである。一般的に、実業団陸上部に所属するランナーはマラソンや駅伝で成績を残すことが主体で、利益を生み出さない。何人かのプロランナーは生まれても、実際に運営し費用を出すのは親会社で、クラブ自体で稼ぐ事例は国内で見ても数少ない。その少ない事例の1つが新潟アルビレックスランニングクラブだ。アルビレックス新潟グループの中村氏が私の所属する大学に講演訪問した際、クラブ解説の時間を多めに取っていたことが印象的だった。このことからも、注目度が高いグループであることがわかる。

主な事業は、ジュニアから大人、トップ選手を含めた約８００名のクラブメンバーのための教室運営だ。地域住人のための健康づくりやジュニアスポーツの普及、そしてトップアスリートの育成などを積極的に行っている。中でも成長しているのが、マラソン大会のサポートだ。平成28年度の実績をみると、新潟シティマラソン、新潟ハーフマラソン、新潟ロードレース、見附刈谷田川ハーフマラソン、笹川流れマラソン大会、角田山一周ハーフマラソン大会、デンカビッグスワン3時間〝Fun-Run〟リレーフェス、オリンピックデーランと8つものマラソンのサポートをしている。[2]

マラソンやウォーキングブームの近年、全国各地でマラソン大会が開催されている。しかし、大会数が増えて飽和状態になり、参加者の低迷や赤字など多くの問題も抱えている。また主催者は自治体やまちの有志が多く、顧客満足度を高めながら黒字を出すビジネス体制が整っていない。そのため、プロである新潟アルビレックスランニングクラブがサポートやコンサルタント業務を行うのだ。スポーツイベントを行う上で、これは1つの理想形ではないだろうか。もちろん、広告代理店やイベント会社が担ってもいい。だが、まちのシンボル機能を担うプロスポーツクラブがノウハウを活かして自分たちの財源を豊かにし、まちや参加者に有益なサービスを提供すれば双方にメリットがある。

総合型スポーツクラブが育つことは、選手のセカンドキャリアにとっても非常に好ましい。選手の大半は、自分が行ってきた競技に関わる仕事につきたいと考えるが、指導者になれるのはごく一部である。このような事業が生まれると、引退後もスポーツに関わりながら生活できる。地域で選手の高いスキルを吸収することは、育成や普及に繋がり、子どもたちにとっても好循環といえる。

東京ヴェルディや湘南ベルマーレなどは、トップチームの興業とは別にＮＰＯ法人や一般社団法人の法人格を取って総合型のスポーツクラブを作っており、Ｊリーグでも地域活性化を目的とした公益型事業を行うクラブが増えつつある。この形が最も進んでいるドイツでは、スポーツクラブが子どもたちの居場所や高齢者の交流の場になっている。また地域の色々な事業を行うことで、地域の文化醸成も担う。プロスポーツクラブのそうした事業が当たり前になれば、地域課題も解決でき、雇用が生まれる。そうなると、スポーツと地方都市も明るくなっていくのではないか。

2 地方都市×スポーツ×ツーリズム

■スポーツツーリズムとは？

プロスポーツクラブがソーシャルキャピタルとしての役割を認識して行動することと、地方都市活性化のキーワードとなるのがスポーツツーリズムだと考えている。今後スポーツビジネスとして新たな可能性を広げていくことが考えられ、数多く研究されている分野である。

２０１１年に出された観光庁スポーツツーリズム推進基本方針では、スポーツツーリズムの定義と

▼2——新潟アルビレックスランニングクラブＨＰ　http://www.albirex-rc.com/より参照・引用。

して「スポーツ資源とツーリズムとの融合を図っていく取り組みであり、スポーツを「観る」、「する」ための旅行そのものや周辺地域観光に加え、スポーツを「支える」人々との交流、あるいは生涯スポーツの観点からビジネスなどの多目的での旅行者に対し、旅行先の地域でも主体的にスポーツに親しむことのできる環境の整備、そしてＭＩＣＥ推進の要となる国際競技大会の招致・開催、合宿の招致も包含した、複合的でこれまでにない「豊かな旅行スタイルの創造」を目指すもの」と説明されている。[3]

この方針を見ても、日本国としてスポーツの新たな可能性を探り、同時に経済効果や交流人口の拡大を狙っているのが分かる。しかし、それまではスポーツとツーリズムはそれぞれ独自の進化を遂げ、交わらないものであった。欧米では１９８０年代から本格的に研究や活動がなされてきたが、日本では、２０００年代前半にようやく研究や活動が認知され始め、11年に観光庁が上記の推進基本方針を定め、12年に一般社団法人日本スポーツツーリズム推進機構が設立された。

なぜ、このような流れができたのか。これはメガスポーツイベントの招致や開催、特に２０２０年の東京オリンピック開催が大きい。政府もこの開催を契機に訪日外国人観光客を伸ばし、経済活性化を狙っている。この数年、訪日外国人観光客数は毎年４００万人以上増加し、17年には２８６９万人もの観光客が日本に来ている。国は20年に４０００万人以上を目指しており、達成可能なところまで来ている。しかし課題もある。まず先進国の中では、観光客数がまだまだ少ない。アメリカや中国のような大国をはじめ、フランス、イギリスのようなヨーロッパ諸国、同じアジアであるタイにも及んでいない（現在は15位前後）。１人あたりの消費額も16年の国連世界観光機関（ＵＮＷＴＯ）の発表によると、１人あたり１２７６ドルで、タイの１５３０ドルに及ばない。15年に話題となったデービッド・アトキンソン著『新・観光立国論』（東洋経済）でも語られているが、外国人観光客にとって日本特有のおもてなし文化は「押しつけ」になっているなど、日本ではまだまだ分析ができていない。しかし裏を返せば、非常に伸び代がある分野とも言える。

これから観光立国として成長するには、特に富裕層が満足感を得られる施設やサービスが必須である。また観光を伸ばす分野としてスポーツが重要な部分を占めるのは間違いない。これまではスポーツ観光は、メジャーリーグの日本人選手を見に行くツアーやスキーツアーなどの１つのプランでしかなかった。しかし、今やスポーツのビックイベントやキャンプや合宿誘致などがまちづくりに大きく影響し、観光分野にも大きな影響を及ぼしている。

■スポーツツーリズムの現状と課題

このような日本の現状と課題について、ラグビーワールドカップ２０１９でスポーツホスピタリティを提供しているＳＴＨ Ｊａｐａｎ株式会社執行役員の倉田知己氏は以下のように述べている。

▼３―― 観光庁ＨＰ「スポーツツーリズム推進基本方針」https://www.mlit.go.jp/kankocho/topics05_000034.htmlより引用。

私はＪＴＢという会社で、長年スポーツツーリズムに関わってきました。ツーリズムの価値は大きく2つあり、1つ目は経済的な価値だと思っています。観光分野では、地域の流入人口を増やし、地域経済を刺激できます。単純ですが、公共交通機関を利用し、旅館に泊まり、観光地を訪れる。この流れによって地域経済が潤います。2つ目は、社会的効果です。流入人口が増えると、地域外の人たちと交流することになります。自分たちが普段暮らしている中では、それまで知られていない情報や文化、人間関係に触れ合うことができます。このようなツーリズムの価値にスポーツを加える流れが出てきています。旅行者は目的や魅力的なコンテンツがないとその地域に行きません。例えば、素晴らしい景色、おいしいもの、歴史的な建造物、いわゆる見所ですね。では、見所のない地域はどうするのか。そのままでいいのかと考えたときに、スポーツの活用が考えられるようになりました。今までは流入人口がなかったような地域でも、スポーツコンテンツを利用して、新たな経済的効果や社会的効果を見込めます。その新たなツーリズムの試行錯誤を行っているのが現状ではないでしょうか。[4]

これまでスポーツとツーリズムは、別々のレジャー産業として捉えられてきた。スポーツツーリストと言われる、スポーツを旅の目的とした人は旅行者全体の10％くらい存在すると言われており、日本経済全体でこの分野を成長産業にしないと非常に痛い機会損失になってしまう。

倉田氏が所属していたＪＴＢの旅行事業は、国内のメインターゲットが50、60代以上である。その世代はよく旅行に行き、消費もするが、将来的な継続性に課題がある。逆に、若者世代は全体の人数も減っており、外出して使う消費時間やお金も減少傾向である。だからこそ、10％のスポーツツーリストは大きなターゲットになる。また、スポーツツーリストは全体的な傾向として、通常のツーリストより消費金額が大きいと言われる。ワールドカップやオリンピック観戦を行う層の人たちは50、60万円を簡単に消費する＝ある程度、お金に余裕がないと試合観戦ができない。そこで、このようなツーリストを呼び、お金を使ってもらい、地域経済を刺激し、スポーツコンテンツを通じ循環させることによって、少しずつ浸透している状況になっている。その中で、倉田氏はスポーツツーリズムの課題として、「行政機関との連携と調査や検証」を挙げている。前者は日本の行政の特徴である縦割りで、民間企業が連携しようとする窓口が複雑化する。後者はイベントの成果が曖昧で、欧米では事前の調査から成果の定義を明確化させ、数値などをしっかりと分析している。

このような課題をふまえて、日本で２０１９年にラグビーワールドカップ、20年に東京オリンピックが開催されることは重要であり、都市圏だけでなく、むしろ地方都市の関係者が重要性を認識しなければならない。日本の場合は実行委員会形式で、解散したら行政やボランティア団体の継続があまりなく、せっかくの効果が薄れてしまう。長期的な視点で開催することも必要である。そのようなことを考える良いキッカケが、この2大イベントである。イベント運営面のノウハウ蓄積は重要である。それに加えて倉田氏は「海外から来訪する多くの旅行者に対しどういう受け入れ体制を作るかが重要になる」と述べている。

▼4——　このインタビュー調査は２０１８年7月21日と２０１９年7月2日に倉田知己氏に対して東京都内で実施した。

■スポーツホスピタリティの重要性

現在でも、民泊や外国人観光客のマナー問題などが度々ニュースで取り上げられるが、ネガティブ部分にばかり注目しては勿体ない。良い機会だと考え、積極的に受け入れる準備をしなければならない。またこのビッグイベントを日本のショーケースとして活用する認識を持たなければならない。キーワードはスポーツホスピタリティである。これを倉田氏が所属するSTH Japanの定義では、「入手可能な最良のチケットと試合前後の飲食やエンターテイメントをパッケージ化した、新しい観戦体験」としている。欧米では当たり前だが、一般的なチケットと比べて価格は高額だが、入退場の混雑を回避できるＶＩＰ動線がある、試合開始の2～3時間前から会場入りし飲食を楽しめる、著名なゲストスピーカーによる試合の見どころ解説などのエンターテイメントがある、抽選や購入枚数の制限などはなく、希望する試合が何人分でも購入できるなどのメリットがある。

すでに２０１９年に開催される日本のラグビーワールドカップでは導入されており、倉田氏に聞くと「非常に良い反応をいただいています。最も高額な商品はすでに完売しており、キャンセル待ちです。欧米では、スポーツホスピタリティはどこも商品化しており、個室などで上質な食事の提供等のサービスを受け観戦するスタイルです。需要は欧米企業が中心と考えていましたが、実際のところ日本企業から多くの申し込みをいただいていて、国内でも需要があることがわかりました。恐らく日本企業のキーマンも欧米で商談や接待をうけたときに、スポーツホスピタリティで非常にいい体験をされているのだと思います。日本でもそのような体験を広めていくことで、様々な観戦スタイルを提供していきたいと思っています。そして、スポーツツーリズムを拡大させる要素として、富裕層をどう取り込めるかがキーポイントになってくると思います」と述べている。

このような状況を創り出すには、行政、経済界、学術界などが知恵を出し合い、ハードとソフトの整備を行う、どのような土台があり、そして地域の特性を活かしてプランを作っていくかが鍵だ。

日本では、英語標識や案内の問題や、お金を払うにしてもクレジットカードで払える環境が少ない。特に地方都市は顕著である。だからこそ、倉田氏は「ただ単なる観光政策の1つとして捉えるのではなく、シティプロモーションやシティPRもさることながら、経済施策や市民サービスの一環として本気で取り組む姿勢が必要です」と述べている。

3 地方都市×スポーツ×SDGs

■経済効果とスポーツの関係性

地方都市が本気でプロジェクトを行えば、スポーツツーリズムは地域活性化の重要なツールになる。すでに3大都市圏では東京マラソンなどのビッグイベントが開催され、国内トップの観光都市である沖縄ではスポーツコミッションを設立し、成功を収めている。だが、このような成果が一番ほしいのは、人口規模にも観光資源にも恵まれていない地方都市ではないだろうか。

　私は現在、広島県福山市という人口約47万人の中核市に居住しており、この都市を事例にして福山大学経済学部国際経済学科講師の藤本浩由氏と、地方都市に及ぼすプロスポーツやスポーツイベントの経済効果や社会的効果について共同研究している。今後、地方都市のプロスポーツクラブやスポーツイベントは地域活性化のツールとして存在すべきであり、その効果を多角的に研究したいと考えているからだ。これまで、その効果は経済波及効果として大学やシンクタンクが発表してきた。広島県の経済効果発表でよく耳にする数字はカープの経済効果である。地元の中国電力シンクタンクの発表によると、スタジアム開設の２００９年には２０５億円の経済効果があり、18年には３５６億円まで上昇した。

　この経済効果については様々な切り口があり、鵜呑みにはできないが、地元に一定以上のお金が落ちていることを示している。それよりも経済効果を肌で実感できるのは、広島駅や市内中心部でのカープの文字やロゴの多さである。試合当日の広島駅は活気に満ち溢れている。街に繰り出せば、どこにもカープのロゴがあり、店に入れば、アパレルショップはもちろん眼鏡屋やカフェまでコラボレーション商品が所狭しとある。職場でカープの話をしてコミュニケーションを取るなど、数字では語れない効果もある。ゆえに、スポーツは社会的効果を含めて存在意義を考えなければならない。

　例えば、共同研究の論文で経済波及効果について分析し、「基本的にイベント参加者（帯同者、観戦者を含む）および主催者による消費支出の合計額を直接効果とし、そこにその消費財の生産から波及する生産高の合計を加算したものである。したがって経済波及効果の推計額は、市内における生産活動のうち実際に購入された財・サービスの生産額および誘発生産額を表わすものであり、市場で取引されない経済活動、いわゆる外部効果は経済波及効果として計上されない。例えば、マラソン大会が市民のスポーツ振興に寄与し、その結果市民の健康増進や体力向上などの形で人的資本が蓄積されるとする。この場合、病気等による欠勤の減少や労働作業の迅速化などといった、市民の労働生産性向上が期待できる。また健康増進は市内における医療費の節減にもつながる。これについては、市内における医療サービス提供の減少が市内の生産を直接減少させ、純粋な経済波及効果の概念ではマイナス要因でもあるといえる。さらに、スポーツ実施率が上昇してスポーツ施設の利用率が向上すれば、施設の投資効率も改善する。しかし、経済波及効果の推計においてはこれらの効果は含まれないことになる。観光振興については、市外からの参加者による一時的な経済効果のみ含まれ、市の認知度向上などから派生する潜在的な経済効果も含まれない。市民のアイデンティティ確立や広義の社会資本蓄積といった社会的効果も含め、マラソン大会の投資的な側面は経済波及効果に反映されていないことにも注意が必要である」と考察を行っている。[5]

▼5—— 藤本浩由・藤本倫史「中核市におけるマラソンイベントの経済効果推計の意義と課題」『日本都市学会年報』2018より引用。

■ＳＤＧｓ×スポーツの可能性

これらをふまえて、現在、共同研究で注目しているのが、ＳＤＧｓである。ＳＤＧｓとは「Sustainable Development Goals（持続可能な開発目標）」の略語である。２０１５年9月の国連サミットで採択され、16年から30年までの間に国際社会が取り組む目標として、17のゴール・１６９のターゲットから構成されている。17の目標については、①貧困をなくそう、②飢餓をゼロに、③すべての人に健康と福祉を、④質の高い教育をみんなに、⑤ジェンダー平等を実現しよう、⑥安全な水とトイレを世界中に、⑦エネルギーをみんなにそしてクリーンに、⑧働きがいも経済成長も、⑨産業と技術革新の基盤をつくろう、⑩人や国の不平等をなくそう、⑪住み続けられるまちづくりを、⑫つくる責任 つかう責任、⑬気候変動に具体的な対策を、⑭海の豊かさを守ろう、⑮陸の豊かさも守ろう、⑯平和と公正をすべての人に、⑰パートナーシップで目標を達成しようがある。

ＳＤＧｓの特長は、国だけでなく民間企業による取り組みを求めたことにある。

この研究を進める中で、プロスポーツやスポーツイベントを継続し、意義を高めるためには企業のスポンサーシップが大切であり、企業のＣＳＲ（Corporate Social Responsibility）＝企業の社会的責任の活動で、利益を社会に還元していく役割や仕組みに注目した。ＳＤＧｓは、事業にＳＤＧｓの考え方を組み込むことを前提にしており、一時的なボランティア活動や寄付行為ではなく、事業収益をあげながら同時に社会課題や地球環境の改善につながることを念頭に創られている。この市場規模は12兆ドルとも言われ、すでに欧米のトップ企業では取組みが開始され、日本でも都市圏に本社を置く企業が活動している。投資家も活動に注目しており、環境（Environment）、社会（Social）、企業統治（Governance）に配慮した活動に投資を行うESG投資が増加すると言われている。

ただ、国内では地方都市の企業には浸透していない。私たちが現在調査を進める福山市で開催される最大のスポーツイベントふくやまマラソンには約7500人が参加する。ここでのアンケート結果でも、主催者やスポンサーはSDGsの認識度や重要性について低い数値が出ている。

しかし、私は地方都市だからこそ、SDGsの積極的な活動を行うべきではないかと考える。スポーツツーリズムの視点で域外からの経済効果を狙うイベントが増えているが、その目的ははっきりしない。主催者側は企画時の基本でもある「目的は何」で「ターゲットは誰」なのかを明確にすること、スポンサーは何のためにお金を出しているのかを検証することが大切になる。各地でスポーツイベントが開催されてはいるが、地域ごとに特徴や課題は違うため、全ての大会が東京マラソンのような効果を生むわけではない。だからこそ、大会開催の意義を考えなければならない。

その時にSDGsの17のゴールと169のターゲットは良い目標となる。これはプロスポーツクラブも同じである。例えば、スポンサーの営業へ行く場合も「3万人が看板を見てくれる」や「地域のためになる」と言っても、詳細な広告効果はわからない。それよりも「私たちのクラブは質の高い教育をみんなにを軸に、子どもたちの教育環境をより良くするために、スポーツ教室事業を展開して、2030年までに広島県の子供、障害及びジェンダーに配慮した教育施設を構築・改良し、全ての人々に安全で非暴力的、包摂的、効果的な学習環境を提供できるようにする」と言ったほうがクラブの価値も高まるし、投資する企業にとっても自社への社会的信頼を高めることになる。何よりそのような企業が増えると地域課題の関心が高まり、地域全体で課題を解決する雰囲気が高まる。私もこの分野は研究途中だが、間違いなくこれからの時代は自分たちだけが利益を得るようなビジネスモデルは淘汰され、共生するモデルを創らなければ生き残っていけない。資源が少ない地方都市は尚更である。だからこそ現在、地域活性化のツールとして注目されているプロスポーツクラブはＳＤＧｓのような分野を勉強し、積極的に取り組むことが必要になってくるのではないかと考える。

4 今後の地方都市とプロスポーツクラブ

■アーバンスポーツとｅスポーツ

ここまで、地方都市のプロスポーツクラブのマネジメントや地域活性化のキーワードについて述べてきた。このキーワードを実行するには、「人」が欠かせない。そのためには人材育成をしなければならない。最後の節では、この人材育成について述べたい。

私も教育機関に所属し、人材育成については悩みながら日々過ごしている。近年スポーツ産業が注目され、全国的にスポーツ関係の学部・学科が増えている。スポーツ関連企業で働きたい学生も増えている。しかし、就職口が少ないことが最大の問題となっている。メジャースポーツだけではない市場も広げなければならない。そこで中心市街地で行う都市型のアーバンスポーツとeスポーツに注目している。アーバンスポーツは広島市で世界大会であるＦＩＳＥが２０１８年から開催されている。ＦＩＳＥとは、「エクストリーム・スポーツ国際フェスティバル」を意味するフランス語のFestival International des Extremesを略した名称であり、ＢＭＸ、スケートボード、ボルダリング、３x３バスケットボール、パルクール、ブレイクダンス、マウンテンバイク、水上スノーボード、インラインスケートなど、市街地中心部で行われるアーバンスポーツの祭典である（ＦＩＳＥ広島大会公式ＨＰより）。

日本では初開催となり、広島県と広島市は日本でのアーバンスポーツの聖地を目指し、合わせて１億円の税金を投入した。日本でも少しずつ認知度が高くなり、ＢＭＸやボルダリングなどは東京オリンピックから正式競技として採用されて注目されている。２０１８年は総来場者数が８万６０００人、19年は10万３０００人と将来性を感じさせるイベントになっている。

ｅスポーツは一般社団法人日本ｅスポーツ連合によると、「エレクトロニック・スポーツの略で、広義には、電子機器を用いて行う娯楽、競技、スポーツ全般を指す言葉であり、コンピューターゲーム、ビデオゲームを使った対戦をスポーツ競技として捉える」と定義している。総務省によると２０１８年度の世界の市場規模は９６８億円、22年度には約３３００億円に増加すると言われている。国内市場規模が48・３億円と言われ、19年の茨城県国体で「全国都道府県対抗ｅスポーツ選手権」が初開催され、高校の部活でもｅスポーツ部が設立されている。大規模な地域イベントでも大会を組み込み、地域活性化の1つのツールとして連携する自治体や企業が増えている。

この現状について、ｅスポーツを研究する本学経済学部経済学科講師野田光太郎氏は「ｅスポーツは今後更なる成長が見込まれるため、地域活性化の起爆剤になるといった期待も大きいです。しかし、手放しで楽観視できるわけではありません。はじめに「する」の課題として、地域活性化事業にいかに多くのプレイヤーを呼び込めるかが挙げられます。ゲームを用いた競技であるため、オンラインで大会やイベントを完結させることもできてしまうからです。次に「見る」の課題は観客動員数の増加です。観客が大会参加者、ｅスポーツ関連企業の関係者、ビジネスチャンスを伺う企業関係者、メディア関係者で占められ、一般客が少ない印象を受けます。最後に「支える」の課題は、地域住民の理解です。ｅスポーツは競技の特性上どうしてもゲームソフトの提供企業なくしては成り立ちません。他のスポーツも用具を提供する私企業なくしては成り立ちませんが、ｅスポーツの場合ルールとシステムをソフト提供の企業が規定する点が特徴的です。そのため、行政などが主導してｅスポーツを用いた地域活性化事業を行うことが困難になる可能性があります。営利を目的とした特定企業の活動を直接的に助成することに繋がりかねないためです。また、ｅスポーツにはイメージの問題、健康に関する問題、法律に関する問題など、他のスポーツには存在しない問題も指摘されています。このようなことを解決できると地域活性化の起爆剤となる可能性はあると考えます」と述べている[▼6]。

広島でも広島東洋カープ、地元新聞社、ＫＯＮＡＭＩが共催し、毎年、広島市で最大の来場者を迎えるイベント「ひろしまフラワーフェスティバル」で「実況パワフルプロ野球　カープｅＢＡＳＥＢＡＬＬ選手権２０１９」を２０１９年５月に開催し、人気を博した。また、広島県下の高校にもｅスポーツ部を設立するところが増えている。このような新しい分野での就職口も考えなければならない。

■スポーツで地域活性化を行うイノベーター

私はこのような新しい動きも含めて、広島は「スポーツで地域活性化を行うイノベーター」であるべきだと考える。そういう意味では、今回、事例を挙げたプロスポーツ３球団以外にも広島にはＪＴサンダーズ（男子バレーボール）、中国電力陸上競技部（陸上）、広島メイプルレッズ（ハンドボール）、ワクナガレオリック（ハンドボール）、コカ・コーラレッドスパークスホッケー部（ホッケー）、広島ガスバトミントン部（バトミントン）、ＮＴＴ西日本広島ソフトテニス部（ソフトテニス）と前述したトップス広島に加盟している企業スポーツチームの強豪団体がある。それ以外にも、アンジュビオレ広島（女子サッカー）、広島Ｆ・ＤＯ（フットサル）、ヴィクトワール広島（自転車ロードレース）、など他の地方都市にないようなトップスポーツの資源が多くある。

私はこれらのスポーツ資源に対して、横のつながりを創り、情報を共有して地域を活性化する共同体＝スポーツコミュニティが必要ではないかと考える。私はまさにそれを意識し２０１３年にＮＰＯ

▼６――　このインタビュー調査は２０１９年７月７日に野田光太郎氏に対して福山大学内で実施した。

法人スポーツコミュニティ広島を設立した。

すでに広島にはトップス広島があるが、専従スタッフがおらず、加盟団体の関係者で活動をしているために活動が少なく、県民の認知度も低い。非常にいい理念を持っているのに勿体ないのが現状である。だからこそ、地域課題を解決するスポーツコミュニティを創るべきであり、そのモデルケースとして広島は適している。ゆえにトップスポーツ団体と行政組織が連携し、専従スタッフを雇い、戦略的にヒト・モノ・カネを回す団体を設立する。そして、まずは加盟団体と地域にメリットを創る。特に加盟団体のメリットとして重要なのが集客とスポンサー探しである。

そこで、私はこれらの団体が本拠地以外の市町に応援してもらえる仕組み作りをしてはどうかと思う。広島県には14市9町ある。ただ、前述した団体の本拠地の多くは広島市にある（さらに県内の認知度はカープやサンフレッチェは高いが、他の団体は低い）。県庁所在地に多く集まるのは当たり前だが、広島県内には自然や文化などの地域資源が多くある。その魅力発信の意味も含めて、トップスポーツチームが1～3年くらいの周期で本拠地以外の活動重点地域を決めて活動をする。

例えば、その地域を準フランチャイズとして認定してはどうだろうか。準フランチャイズといっても公式戦を行うというような重いイメージではなく、団体運営に支障がない範囲で、スポーツコミュニティが主導して戦略的にスポーツ教室やイベントを開催する。また、地域課題をスポーツというツールを使って解決する機能を持たせるのはどうだろうか。

例えば、ヴィクトワール広島が尾道市に準フランチャイズを置くとする。尾道市は現在、しまなみ海道の利用者数が増えており、非常に観光スポットとして人気である。しかし、サイクリングロードにゴミを捨てるサイクリストや外国人のサイクリストに対応できないなどの課題がある。そうした問題をスポーツコミュニティが調査・分析し、地域課題解決のプランニングを行う。そして、ヴィクトワール広島の選手と一緒にゴミ拾いをしながらサイクリングを行うイベントや啓発活動などつなげる。地域は応援隊を作り、試合観戦やファンクラブ入会、スポンサーを紹介するなど、ＷＩＮ-ＷＩＮの関係作りができる。

このようにすれば、団体の認知が上がり、ファンやスポンサーを増やす機会に恵まれる。また、地域課題を解決しつつ、スポーツが有効的に活用できるスポーツ振興、健康増進、子どもたちの教育や体づくりも促進できる。特に中山間地域や島しょ部などは新たなトップクラブを作らなくてもこのシステムを活用して活動できる。また、将来的に活動を続け、地域の反応がよければ、思い切って本拠地を変えてもいいのではないか。無論、クラブが本拠地の地域を一番大切にしなければならないのは当然のことだが、トップスポーツ資源が豊富なだけに、県庁所在地以外の新たな広域的なトップスポーツを活用したまちづくりの施策が打てるのではないか。

この案は非常に大胆で詰めなければならない点が多々あるが、今後の地方都市のスポーツ戦略にとってチャレンジする必要があるのではないか。それは広島東洋カープという強力なコンテンツによる地域活性化を県民は肌で感じているからだ。この成功体験をカープだけでなく、県域に広げられるのは今のところ地方都市では広島しかない。例えば現在、Ｊリーグでは湘南ベルマーレや東京ヴェルディが総合型地域スポーツクラブとしてサッカーだけでなく、スポーツや地域振興をＮＰＯ法人や一般社団法人で行っている。広島もブランド統一を行い、総合型地域スポーツクラブ広島カープにすればいいかもしれない。だが、せっかくこれだけのチームと歴史があるので、新たな広島型のスポーツの活かし方をするべきであり、若者の雇用や人材育成の場にもなる。

もちろん、カープやサンフレッチェの経営ノウハウは情報共有していくべきである。ただ、逆境を乗り越えてきた歴史を持つイノベーターとして、トライ&エラーを行い、１つ１つの団体が県全体にとって欠かせない存在になることができるのではないかと考える。

■地方都市が行うスポーツビジネスの人材育成

ここまで、地域とスポーツの新たな可能性を見てきた。それらを実現するには何といっても「ヒト」である。現在、地方都市はどの業界も人手不足だと言われている。だからこそ、より人材育成に力を入れなければならない。そのような人材育成で自治体、経済団体、プロスポーツクラブが一体となったユニークな取り組み事例がある。愛媛県今治市で行われている「バリチャレンジユニバーシティ」である。私もそのプロジェクトの第１回目でファシリテーターを務めさせていただいた。

プロジェクトの目的は「全国の若者が今治に集い、夢や仲間や新たな考え方に出会い、世界中で躍動するきっかけを創り出すこと」で、２０１６年から開始された。第１回は全国から応募が殺到して約４５０名から選抜された１００名が集まり、２泊３日でスポーツと地方創生に関するプレゼンテーションを行った。ＪＦＬに所属するプロサッカークラブ「ＦＣ今治」を核に、今治市や今治青年会議所と実行委員会形式で始まり、現在では卒業した若者たちが実行委員会の中心となっている。全国から集まった、スポーツビジネスや地方活性化に興味を持った学生や若手社会人はやる気に満ち溢れていた。私は一歩引いてファシリテートできればと考えていたが、積極的な質問や議論が続き、とても心地の良い汗をかくことができた。中間発表では元日本代表監督でＦＣ今治オーナー岡田武史氏を始めとする豪華なアドバイザーに手厳しい講評をいただいた。だが、私の班のメンバーは最後まで自分たちが納得するプレゼンテーションを作り、最終発表では見事、賞をいただいた。

また、担当した班の７名（高橋貴大、河北善紀、柴田えりな、藤岡良輔、那口誠、狩野尾尚磨、越智琴音）とはプレゼンテーションが終わった後も交流を続けた。驚いたのが、そのアイディアの事業化に向け、岡田氏に再プレゼンテーションを行い、事業化寸前まで行ったことだ。結局諸事情で流れたが、改めて若者たちのエネルギーは地域を変化させると感じた。本ゼミの学生も３年続けて数名参加させてもらっており、プレゼンテーション能力などに成長を感じている。

地方都市の活性化には、スポーツツーリズムのように交流人口を増やすことや定住人口を増やして出生率を高めるなど色々と考えられる。だが、最終的には若者の力が必要だ。少子高齢化が進む中で、都市部にチャンスの場が多いと考えがちだが、今治のように地域全体で人材育成をして起業できるような場所を整えていくことも、地方都市を活性化するために有効な手段の１つである。

私が居住している福山市も、スポーツ振興課と公益財団法人福山市スポーツ協会が主催して２０１

9年8月から「ふくやまスポーツアカデミー」を開催する。公募でスポーツに関した起業や勉強したいと考えている人たちに向けて、スポーツマネジメントやスポーツツーリズムの第一線で活躍する人をお呼びして仮想のスポーツ団体を立ち上げ、その事業について最終的にプレゼンテーションを行う。そこで終了しては意味がないので、市が継続的にバックアップし、参加者の起業やイベント企画のスタートアップ支援も行う予定になっている。

私も微力ながら全体のファシリテーターとして参加する。非常に小さな一歩であるが、広島県のスポーツビジネス人材育成のために全力を向けていきたい。スポーツビジネスはモノではなく、コト消費である。商品は人が創っていく。だからこそ、現在のスポーツビジネス界は市場拡大ももちろん大切だが、人を創ることが最重要課題になる。この章で述べてきたキーワードを含めて、今回、挙げたキーワードを振り返っていただき、スポーツビジネスと地域活性化のヒントにしてもらいたい。

おわりに

本書では広島のプロスポーツクラブを中心にマネジメントと地域活性化について述べてきた。この考察から見ると、読者も感じたかもしれないが、華やかな成功事例ではなく、むしろ苦しい逆境のイメージが強かったのではないか。言葉を変えると、失敗とも言えるかもしれない。読者の中には、もっと先進的な成功事例を教えてほしいと思った方もいるかもしれない。それに対しては、私の力不足かもしれない。しかし、私はその逆境に価値があると感じる。

広島の逆境の価値はプロ野球2リーグ制、Jリーグ誕生、そしてBリーグ設立時に各クラブがつなげてきた約70年の歴史や文化が物語っており、残念ながら他都市にはその歴史や文化がない、もしくは途絶えている。やはり、苦しい時＝逆境を乗り越えるのが一番難しくつらいことである。しかし、それを乗り越えなければ、地域で愛されるクラブは作ることができない。それを広島の事例は多くの逆境を迎え、乗り越えてきたことで示してくれているのではないか。

これだけ多く失敗し、逆境に立たされたプロスポーツクラブはない。だが、その度に経営者やスタッフは知恵を出し、地域全体が支え、乗り切っている。これがまさに他の地方都市にも必要ではないか。戦後、日本では高度経済成長で売り上げ重視の大量生産・大量消費社会で回されてきた。しかし資源が枯渇すると、次に効率を考え、マーケティングが導入され、利益重視型のグローバル社会が形成された。

これから地方都市はますます厳しい状況が続くと思うが、行動を起こさなければ物事は前進しない。特に地方都市の若者や推進者は選択を迫られる。ひと昔前は、都市圏にいなければ仕事も人脈も情報も得られなかった。しかし、ＩＴの技術革新でその差は埋まりつつある。特にスポーツビジネスはチャンスである。地方都市にもプロスポーツクラブやスポーツ関連企業は増え、注目されている。

私も30代でまだまだ勉強中の身だが、若者や推進者と協働し、サポートしていきたいと考えている。あとは一歩前進するかどうかだ。本書がその一歩前進する後押しになれば幸いである。

末筆ながら、本書の基礎となる連載を進めていただき、協力してくださったスポーツ×ＡＩ×データ解析総合メディアＳＰＡＩＡ編集部の皆さん、本書のインタビューに快く応じてくださった迫勝則氏、山本拓也氏、浦伸嘉氏、西本恵氏、上林功氏、石橋竜史氏、藤田祥仁氏、中村勉氏、南博氏、倉田知己氏、ＳＰＡＩＡのインタビューでお世話になった松元繁氏、田上健一氏、金島弘樹氏、永田靖氏、田中彰氏に厚くお礼を申し上げたい。さらに、私が所属する福山大学経済学部経済学科特にスポーツマネジメントコースの先生方、共同研究者の藤本浩由先生には日頃、多大なるご協力とご支援を頂いている。ここで、感謝を申し上げたい。また、本ゼミの学生には私の研究や課外活動に協力してもらい元気をもらっている。彼らには感謝すると共に更なる成長を期待したい。

そして、私の最愛なる妻・優佳、娘・茉優、愛深には日頃のサポートをここで感謝したい。

最後になったが、阪神や巨人ファンの多い社内で、共に企画を実現してくれた晃洋書房・吉永恵利加さんには改めて御礼を申し上げる。

2019年10月13日

藤本倫史

引用・参考文献

第1章

フォーブスジャパン HP　https://forbesjapan.com/articles/detail/10491

平田竹男『スポーツビジネス最強の教科書　第2版』東洋経済新報社　2017

日本プロ野球機構 HP　http://npb.jp/statistics/

藤本倫史『我らがカープは優勝できる!?』南々社　2013

藤井純一『地域密着が成功の鍵！　日本一のチームをつくる』ダイヤモンド社　2011

MLB 日本 HP　http://www.mlb.jp/

マイケル・ルイス『マネーボール』ランダムハウス講談社　2004

日本経済新聞 HP　https://www.nikkei.com/article/DGXMZO25959720R20C18A1000000/

P・F・ドラッカー著　上田惇生編訳『マネジメント・基本と原則』ダイヤモンド社　2001

広瀬一郎『スポーツマネジメント入門　第2版』東洋経済新報社　2014

広瀬一郎『スポーツマネジメント　理論と実務』東洋経済新報社　2009

J リーグ収支報告書　https://www.jleague.jp/aboutj/management/

藤本倫史「プロ野球球団の地域密着型ファン戦略に関する研究――広島東洋カープを事例として」広島国際学院大学大学院修士論文　2010

第2章

藤本倫史「プロ野球球団の地域密着型ファン戦略に関する研究――広島東洋カープを事例として」広島国際学院大学大学院修士論文　2010

中国新聞　朝刊

中国新聞 HP　みんなのカープ

中国新聞社『カープ 50 年　夢を追って』中国新聞社　1999

中国新聞社『カープの歩み　1949-2012』中国新聞社　2012

藤本倫史『我らがカープは優勝できる!?』南々社　2013

日本プロ野球機構 HP　http://npb.jp/bis/yearly/

広島市 HP　http://www.city.hiroshima.jp/www/toppage/

松永郁子『広島カープ苦難を乗りこえた男たちの軌跡』宝島社　2002

西本恵『広島カープ昔話・裏話――じゃけーカープが好きなんよ』トーク出版　2008

広島市市議会議員平野博昭 HP　http://www.hirano-hiroaki.com/my_thinking_list.htm

西本恵『日本野球をつくった男――石本秀一伝』講談社　2018

P・F・ドラッカー著　上田惇生編訳『マネジメント・基本と原則』ダイヤモンド社　2001

P・F・ドラッカー著　上田惇生編訳『ネクスト・ソサエティ』ダイヤモンド社　2002

久常啓一『図解で身につく！ドラッカーの理論』中経出版　2010

広島経済研究所　『広島企業年鑑 1984—2018』広島経済研究所 1984—2018
伊藤歩『ドケチな広島、クレバーな日ハム、どこまでも特殊な巨人』星海社 2017
広島東洋カープ公式 HP　http://www.carp.co.jp/
片瀬京子・伊藤暢人『広島カープがしぶとく愛される理由』日経 BP 社　2016
広島東洋カープ「2006 年～2019 年広島東洋カープグッズカタログ」
広島東洋カープ「マツダスタジアムガイドブック 2016—2019」
広島市役所 HP　広島市民球場運営協議会資料　http://www.city.hiroshima.lg.jp/www/contents/1284367151084/index.html
永井良和・橋爪紳也『南海ホークスがあったころ』紀伊国屋書店　2003
総務省　統計局 HP　https://www.stat.go.jp/info/guide/asu/2018/index.html
日経ビジネス HP　鈴木友也の「米国スポーツビジネス最前線」　https://business.nikkei.com/atcl/opinion/15/134915/110100009/
C・クリステンセン著　玉田俊平太監修　伊豆原弓訳『イノベーションのジレンマ』翔泳社　2011
迫勝則『カープを蘇らせた男』宝島社　2018

第３章

中国新聞　朝刊
中野和也『サンフレッチェ情熱史』ソル・メディア 2013
サンフレッチェ広島公式 HP
サッカースタジアム検討協議会資料「サンフレッチェ広島の歴史と現状」2013
J リーグ収支報告書　https://www.jleague.jp/aboutj/management/
藤本倫史『我らがカープは優勝できる!?』南々社　2013
サンフレッチェ広島『サンフレッチェ広島の育成メソッド』永岡書店　2016
中国新聞社『サンフレッチェ J1 優勝グラフ』中国新聞社　2012
Ｊリーグ「J.LEAGUE NEWS 特別版　スタジアムの未来」　2014
日本政策投資銀行『スポーツを核とした街づくりを担う「スマート・ベニュー」――地域の交流空間としての多機能複合型施設』　2013
サッカースタジアム検討協議会「広島に相応しいサッカースタジアムについて（提言）」2014
スポーツ庁「スポーツ分野における民間資金・先端技術の活用推進と先進事例の横展開等」2018
ジャパネットホールディングス HP　https://www.japanet.co.jp/shopping/jh/group/rc_nagasaki.html
京都府 HP　http://www.pref.kyoto.jp/kyoto_sports/
Panasonic Stadium Suita HP　https://suitacityfootballstadium.jp/
南博・藤本倫史「都市政策の観点から見た日本の地方都市における「まちなかスタジアム」整備の特長と課題」日本都市学会年報　2016
北九州スタジアム HP　http://www.kitakyushu-stadium.jp/

第4章
広島ドラゴンフライズ「クラブパートナーシップ資料 2015—2020」
広島ドラゴンフライズ「オフィシャルイヤーブック 2016—19」
NBL「NBL 公式パンフレット」2015
広島ドラゴンフライズ HP　https://hiroshimadragonflies.com/
平田竹男『スポーツビジネス最強の教科書　第2版』東洋経済新報社　2017
公益財団法人日本バスケットボール協会 HP　http://www.japanbasketball.jp/newleague/outline/
Bリーグ HP　経営情報（収支報告書）　https://www.bleague.jp/about/management/
ビーマーケティング HP　https://www.bmarketing.jp/company/
葦原一正『稼ぐがすべて』あさ出版　2018
ソーシャルメディアラボ HP　https://gaiax-socialmedialab.jp/post-30833/
ゼビオアリーナ仙台 HP　http://www.xebioarena.com/
シティホールプラザ アオーレ長岡 HP　https://www.ao-re.jp/
長岡市 HP　アオーレ長岡　https://www.city.nagaoka.niigata.jp/shisei/cate05/ao-re/
新潟アルビレックス BB HP　https://www.albirex.com/
オガールプロジェクト HP　https://ogal-shiwa.com/
藤本倫史・藤本浩由・南博「中核市におけるスポーツ振興の現状と課題」『日本都市学会年報』2017
りゅうぎん総合研究所「沖縄県内における 2015 年プロ野球春季キャンプの経済効果」、2015
宮崎県ウェブサイト http://www.pref.miyazaki.lg.jp/kanko-suishin/kanko/miryoku/20160530161246.html
沖縄市「沖縄市多目的アリーナ施設等整備全体計画調査業務報告書」2016

第5章
馬奈木俊介『豊かさの価値評価』中央経済社　2017
ロバート・パットナム著　河田潤一訳『哲学する民主主義』NTT 出版　2001
新潟アルビレックスランニングクラブ HP　http://www.albirex-rc.com/
観光庁 HP「スポーツツーリズム推進基本方針」　https://www.mlit.go.jp/kankocho/topics05_000034.html
日本政府観光局 HP　https://www.jnto.go.jp/jpn/statistics/visitor_trends/
デービッド・アトキンソン『新・観光立国論』東洋経済　2015
ラグビーワールドカップ 2019 公式ホスピタリティ HP　https://hospitality.rugbyworldcup.com/ja-JP
藤本倫史・藤本浩由・南博「中核市におけるスポーツ振興の現状と課題」『日本都市学会年

報』2017
藤本浩由・藤本倫史「中核市におけるマラソンイベントの経済効果推計の意義と課題」『日本都市学会年報』2018
エネルギア総合研究所「2018年の広島東洋カープの経済効果について」2018
外務省HP　https://www.mofa.go.jp/mofaj/gaiko/oda/sdgs/index.html
FISE WORLD SERIES HIROSHIMA 2019 HP　https://www.fisehiroshima.jp/
一般社団法人日本eスポーツ連合HP　https://jesu.or.jp/

《著者紹介》

藤本倫史（ふじもと　のりふみ）

1984年　広島市生まれ

広島国際学院大学大学院現代社会学研究科博士前期課程修了

大阪経済大学人間科学部人間科学科 准教授

専攻はスポーツマネジメント，スポーツ社会学

現在はプロスポーツクラブの経営やスポーツとまちづくり，スポーツホスピタリティについて研究を行う。

著書として『ホスピタリティサービスをいかす スポーツビジネス学──Sports Hospitality Handbook』（晃洋書房），『我らがカープは優勝できる!?』（南々社）など。

逆境をはねかえす

広島型スポーツマネジメント学

地域とプロスポーツをともに元気にするマネジメント戦略

2020年2月29日　初版第1刷発行

2024年10月5日　初版第2刷発行

＊定価はカバーに表示してあります

著　者　藤本倫史©

発行者　植田　実

印刷者　藤森英夫

発行所　株式会社　晃洋書房

〒615-0026　京都市右京区西院北矢掛町7番地

電話　075（312）0788番(代)

振替口座　01040-6-32280

装幀　HON DESING（吉野　綾）　印刷・製本　亜細亜印刷(株)

ISBN978-4-7710-3297-2